말랑말랑한
머리를 만들기 위한
사고 훈련

**YAWARAKAI ATAMA NO TSUKURIKATA
— MINOMAWARINO MIENAIKOZOO KAIMEISURU
by Hosoya Isao
Illustrated by Yoshitake Shinsuke**

Copyright © Hosoya Isao, Yoshitake Shinsuke, 2015
All rights reserved.
Original Japanese edition published by Chikumashobo Ltd.
Korean translation copyright © 2025 by Thoughts of
a Tree Publishing Co.
This Korean edition published by arrangement with
Chikumashobo Ltd., Tokyo, through BC Agency

이 책의 한국어판 저작권은 BC에이전시를 통해
저작권자와 독점계약을 맺은 ㈜도서출판나무생각에 있습니다.
저작권법에 의해 한국 내에서 보호를 받는 저작물이므로 무단전재와 복제를 금합니다.

말랑말랑한
머리를 만들기 위한
사고 훈련

눈에 보이지 않는 구조를 풀어내다

나무생각

호소야 이사오 지음 요시타케 신스케 그림 이정환 옮김

차례

머리말 008

CHAPTER 1
딱딱한 사고 습관 자각하기

1 사고 회로가 행동을 정한다 017

2 시작이 끝을 결정한다 023

3 멀리 있는 것이 도움이 된다 030

4 깨달은 시점에서 이미 해결되어 있다 036

5 단순하게 생각하는 쪽이 어렵다 042

6 누구나 '나는 특별하다'고 생각한다 048

7 자기중심에서 벗어나 생각한다 053

CHAPTER 2
물리 법칙으로 이해하는 생각의 메커니즘

1 물리 세계와 정신 세계 063
2 작용 반작용의 법칙 069
3 마음의 도플러효과 075
4 모든 일에는 상류와 하류가 있다 080
5 침식당하는 쪽은 정해져 있다 087
6 프랙털 구조는 어디에나 있다 092

CHAPTER 3
사고력을 두 배로 키우는 발상 전환

1 자산은 언젠가 '부담'이 된다 103
2 성공의 반대말은 실패인가 109
3 어느 쪽이 올바른가 116
4 상식은 비상식, 비상식은 상식이 된다 122
5 선 긋기의 유익과 위험 129
6 아이디어가 부족한 사람이 숫자를 의지한다 135
7 자유여행과 패키지여행, 어느 쪽이 좋을까 141
8 크게 묶는 것보다 소분화가 낫다 147
9 큰 묶음과 작은 묶음을 적절히 활용한다 152

CHAPTER 4
유연한 사고를 위한 아주 뜻밖의 관점

1 논리와 감정의 차이 163
2 구체적 사고와 추상적 사고의 왕복 과정 170
3 형식을 갖출 것인가, 내용을 갖출 것인가 179
4 시간과 돈에 대한 개념 185
5 '같다'와 '다르다'의 차이 191
6 결정론자와 확률론자의 사고 196
7 자유도가 높은 경우와 낮은 경우 206
8 일을 선택하는 뜻밖의 관점 214

마치고 나서 221
문고판 후기 225

머리말

흔히 '머리가 말랑말랑하다'거나 '머리가 굳었다'는 표현을 하는데, 무슨 의미일까? 어린아이나 젊은 사람들은 '머리가 말랑말랑하고', 나이를 먹어감에 따라 '머리가 굳는다'고 표현하는데, 이 말은 당연히 물리적인 단단함을 가리키는 것이 아니다. 보통 '머리가 말랑말랑하다'는 말은 다음과 같은 사람이나 현상을 가리킨다.

▸ 하나의 가치관이나 사고방식을 고집하지 않고 상황이나 상대방에 따라 유연하게 변할 수 있다.
▸ 다른 사람이 생각하지 못하는 참신한 아이디어를 다양하게 생각해 낼 수 있다.

반대로 '머리가 굳었다'는 말은 다음과 같은 현상을 가리킨다.

▸ 자기중심적인 하나의 가치관을 고집하며 다른 사람의 가치관이나 사고방식을 받아들이지 않는다.
▸ 관습이나 전례 등 그때까지의 고루한 상식을 절대시하고 새로운 현상을 부정적으로 받아들인다.

이를 통해 머리가 말랑말랑해지려면(유연해지려면) '본인의 생각을 고집하지 않는다', '기존의 관습에 얽매이지 않는다', '새롭고 개성적인 아이디어를 창조하려고 노력해야 한다'는 사실을 이해할 수 있다.

이 책의 목표는 유연한 사고를 하려면 평소에 주변에서 발생하는 사건이나 상황을 어떻게 보아야 하는지를 알려주려는 데 있다.

키워드는 '눈에 보이지 않는 구조'다. 우선 '눈에 보이지 않는' 것에 관해서 생각해 보자. 인간에게는 좋든 싫든 직접적으로 눈에 보이지 않는 사물이나 사건을 머릿속의 '개념'만으로 포착하는 능력이 있다. 말이나 숫자가 그 대표적인 예다. 머리가 유연한 사람이란 '눈에 보이지 않는' 이 개념을 능숙하게 다루는 사람이다. 하지만 이것은 난이도가 높아서 쉽게 포착하거나 다룰 수 없다. 이 책에서는 이것을 '가시화'하여 보다 능숙하게 다루는 비결을 전하려 한다.

또 하나의 키워드는 '구조'다. 여기에서의 '구조'는 여러 사고 사이의 '관계성'을 가리킨다. 인간의 지적 활동은 사고와 사고 사이의 '관계성'을 찾아내서 그것을 법칙화하는 것인데, 하나하나의 사고를 개별적인 것으로 보는 것이 아니라 연결 짓거나 합쳐서 보는 것이다. 그렇게 해야 '하나를 듣고 열을(또는 그 이상을) 안다'는 것이 가능하다. 이것이 인간 지능의 가장 기본적인 기능이다. 관계성의 전형적인 예는 '원인'과 '결과'의 관계, 즉 인과관계다.

인과관계를 이해하면 어떤 하나의 사고에서 다른 사고로의 예측이 가능하다. 과학 법칙이나 속담의 탄생도 여기에 해당한다. '이러이러한 사건이 발생했다면 다음에는 이러이러한 사건이 발생한다'는 인과관계를 이해한다면 직접 보지 않은 사건까지 비약적으로 발상을 넓혀갈 수 있다.

이 책에서는 그런 '눈에 보이지 않는 구조'를 명확하게 하여 독자들에게 지금까지와는 다른 관점으로 세상을 바라보고 지금까지와는 다른 세계관을 가지게 함으로써, 고정관념에서 빠져나와 유연한 발상을 할 수 있는 계기를 제공하고자 한다.

머리가 말랑말랑한가, 굳어 있는가 하는 것은 나이와는 직접적인 상관관계가 없다. '내 머리가 굳어 있을지도 모른다', 또는 '유연한 발상을 하고 싶다'는 자각만 할 수 있다면 방법은 얼마든지 존재한다.

이 책을 손에 든 여러분은 이미 그 '첫 번째 관문'(사실 이것이 가장 중요하다!)은 통과했다. 여러분이 이 책을 읽기 전과 후에 '세상이 달리 보인다'는 체험을 할 수 있다면 저자로서는 더 이상 기쁜 일이 없을 것이다.

CHAPTER 1

딱딱한 사고 습관 자각하기

유연한 사고 습관을 기르기 위해서는 본인의 사고 습관이나 편중 정도를 우선 인식해야 한다. 누구나 자기중심적으로 사물이나 사건을 볼 수밖에 없다. 머리가 굳어 있다는 것은 자기중심적으로만 생각한다는 뜻이다. 우선 그것을 인식하고 바로잡아야 유연한 사고방식을 갖출 수 있다.

예를 들어보자.
▸ 주변 사람들은 나를 이해해 주지 않는다고 생각하기 전에 '나는 다른 사람을 얼마나 이해하고 있을까?'를 생각해 본다.
▸ 나만 손해를 본다고 생각하기 전에 '다른 사람은 나

보다 더 많은 손해를 보고 있는 것이 아닐까?'라고 생각해 본다.
▸ 상대방이 이상하다고 생각하기 전에 '혹시 내가 이상한 것이 아닐까?'라고 의심해 본다.

인간은 기본적으로 감정에 따라 행동하는데, 감정은 일관성이 없고 주관적인 데다 다른 사람이 이해하기 어렵다. 특히 다양한 사람들과 집단으로 행동하는 경우에는 이런 자기중심적 사고 습관이 '머리가 굳은 사람'이라는 인상을 주어 기피당하기 쉽다. 머리를 말랑말랑하게 만들어 유연한 사고를 하려면 우선 자신에게 있을지도 모르는 이러한 '나쁜 사고 습관'을 자각해야 한다.

나쁜 사고 습관, 어떤 것들이 있을까?

1

사고 회로가 행동을 정한다

"젊은 시절에 좀 더 공부를 했어야 하는데…."
"영어를 제대로 공부했으면…."
"지금 고등학생으로 돌아갈 수 있다면…."

이런 후회를 하는 경우가 있다. 하지만 대부분의 경우, 이런 '~했으면'이라는 후회는 타임머신을 타고 과거로 다시 돌아간다고 해도 달라지지 않을 가능성이 높다. "죽을 때 후회하는 것은 미련하다."라는 말도 흔히 들을 수 있는데, 이 경우에도 그런 사실을 미리 알고 있다고 해서 다른 인생을 살게 되는 경우는 거의 없다.
예를 들어, "다른 사람의 시선에 신경 쓰지 않고 내가 좋아하는 것을 했어야 한다."는 것도 대부분 '맞는 말'이라고 동의하지만 지금까지 다른 사람의 시선에 신경을 쓰면서 살아온 사람은 다시 과거로 돌아간다고 해도 지금과 똑같은 인생을 살 가능성이 높다. 당시에는 나름대로 각각의 선택이 최선책, 또는 차선책이었을 테니까.

중요한 것은 '후회하는 것과 후회하지 않는 것'이 아니라 '후회하는 사람과 후회하지 않는 사람'이 있을 뿐이다. 다시 말하면, 인간의 행동은 대부분 각자의 '사고 회로'에 지배당한다는 뜻이기도 하다.
이런 '개별 행동'과 그 배경에 존재하는 '사고 회로'라는 이중의 구조는 다양한 예로 확인해 볼 수 있다.
신입 사원이 상사나 선배로부터 일을 배우는 경우에도 '사고 회로'를 배우는가, '개별적인 행동'을 배우는가 하는 두 가지로 나누어 생각할 수 있다.
'개별적인 행동' 쪽에서 생각해 보자. 바람직한 제안서를 작성하려면 어떤 식으로 구성해야 좋을지, 어떤 형식을 갖추어야 할지, 또는 어떤 표현을 해야 좋을지, 우선 상사나 선배로부터 '빨간 펜 첨삭 지도'(요즘 시대에는 다른 방법을 사용할 수도 있지만)를 받는 것이 가장 이해하기 쉬운 방법이다. 대부분 이런 식으로 일을 배운다.

하지만 이것만으로는 좀처럼 실력이 나아지지 않는다. '빨간 펜 첨삭 지도'의 한계는 개별 행동에 관한 설명이어서 비슷한 내용을 반복적으로 여러 번 지적을 받을 수 있기 때문이다.

그래서 필수적으로 '사고 회로' 수준에서의 가르침이 병행되어야 한다. 이 경우의 '사고 회로'는 일을 할 때의 기본적인 사고방식이나 일에 대한 '철학' 같은 것이다. 회사의 미래 가능성이나 문화, 또는 부서의 방침이 여기에 해당한다. 어떤 자료를 작성하거나 프레젠테이션을 하는 경우에 '상대방의 입장에서 생각한다'는 사고 회로를 가진 사람이라면 최소한의 기준은 넘는 결과를 제시할 수 있을 것이다.

마찬가지로 실패에 대해서 '자신의 책임'이냐, '타인의 책임'이냐 하는 것도 각각의 행동을 지배하는 사고 회로다. '시간이 없어서 할 수 없었다'는 식으로 변명을 대는 사람은 충분한 시간이 주어질 경우에는 '예산이 부족했다'거나 '타사에서 협력해 주지 않았다'는 식으로 다른 변명을 생각한다.

이처럼 개별 행동이나 개별 사상에 대응해 나가는 모습은 흔히 말하는 '두더지 잡기'와 비슷하다. 개별 행동이나 개별 사상에의 대응은 구체적인 행동으로 연결되어 직접적인 영향을 끼치기 쉬운 반면에, 근본적인 원인에 대처하는 해결책은 되지 못한다.

한편 '사고 회로를 바꾼다'는 것은 난이도가 높고 시간이 걸린다. 특히 타인의 사고 회로를 '바꾸는' 것은 시간이 많이 걸리고 어렵다. 반면, 한 번 달성하면 개별적으로 일일이 대응하지 않아도 모든 행동이 단번에 바뀐다는 커다란 장점이 있다.
"도대체 몇 번을 말해야 알아들어?"
이렇게 소리치고 싶은 마음은 충분히 이해하지만 이런 말을 듣는 사람은 기본적으로 사고 회로 쪽이 바뀌지 않았기 때문에 행동에 관해서 수백 번 지적을 해도 즉시 원래의 상태로 돌아가 버린다. 따라서 사고 회로를 바꿀 수 있는 다른 방법을 생각하지 않는 한, 백번 말해도 시간 낭비다
본인의 행동을 바꾸고 싶을 때에도 사고 회로의 전환이 반드시 필요하다. 개별적인 행동에 대응할 수 있는 방법을 생각하는 것도 중요하지만 사고 회로의 전환

을 반드시 함께 생각해야 '몇 번을 시도해도 할 수 없었던 것'까지 개선될 수 있다. 바꾸어 말해서 이 부분이 전환되지 않는 한 모두 '작심삼일'로 끝나기 때문에 차라리 다른 쪽에 시간을 소비하는 게 낫다.

2

시작이 끝을 결정한다

"돈이 떨어지면 인연도 끝난다."

"시작이 좋으면 끝도 좋다."

흔히 들을 수 있는 격언이다. 이번에는 이 격언들을 약간 다른 관점으로 살펴보고 다양한 상황에 적용해 보자.

"돈이 떨어지면 인연도 끝난다."는 격언은 다음과 같이 풀이된다.

"돈 때문에 맺어진 관계는 돈이 떨어지면 끝난다."

돈을 중심으로 성립된 관계, 예를 들어 비즈니스에서의 고객과 영업 사원, 개인이든 회사든 금전 관계로 맺어지는 인연은 돈이 떨어지면(돈의 흐름이 중단되면) 인연도 끝난다는 뜻이다.

물론 반론을 펴는 사람도 많을 것이다. 원래 업무상 관계였던 고객과 더 이상 일이 없어도 가족처럼 인연이 이어지는 경우는 얼마든지 있으니까. 사실 이 격언에는 '이런 경우에 한정해서 적용한다'는 암묵적인 전제 조건이 감추어져 있다.

처음에 그 관계가 시작된 계기는 돈이었다. 즉, '돈'을 목적으로 맺어진 관계라는 조건이 감추어져 있는 것이다. 인연이 맺어진 계기가 돈이니까 당연히 돈이 떨어지면 인연도 끊어진다는 전제 조건이다.

여기에서 우리는 인간관계가 '돈'뿐 아니라 '어떻게 시작했는가' 하는 것도 '어떻게 끝나는가'와 관련이 있다는 사실을 알 수 있다.

영업 사원과 고객의 관계를 생각해 보자. 영업 사원은 판매 방식이나 고객과의 관계 구축에 각자 나름대로의 스타일이 있다. 상품 설명을 잘하는 사람, 골프나 식사 등 접대를 잘하는 사람, 연배가 있는 고객의 불평불만을 잘 들어주는 사람….

여기에서도 첫 상담이 어떻게 진행되어 비즈니스 관계가 시작되었는가 하는 것이 그 후의 관계에 크게 영

우리는 고양이를
좋아해서 만났지만

최근 들어 나는
강아지가 더 귀여워서…

향을 끼친다. 예를 들어 '골프나 접대가 계기가 된 일'이라면 관계가 이어지는 한 골프나 접대를 지속해야 한다.

따라서 영업 사원의 입장에서 볼 때 경기 악화 등의 이유로 접대비가 삭감된 상황은 사활이 걸린 문제가 된다. 말 그대로 '골프가 끊어지면 인연이 끊어지는' 것이다. 마찬가지로 '가격 인하가 계기가 된 일'이라면 이후에도 그 고객에 대해서는 최소한 그 인하율을 지켜주어야 한다. 고객에게는 처음에 '가격을 인하해 준 사람'이라는 인식이 있기 때문이다.

이를 통해서 알 수 있는 것은 시작이 되는 시점에서 상대가 자신을 보는 눈이 확정된다는 것이다. 이렇게 확정된 이미지는 바꾸기 어렵다.

친구 관계도 마찬가지다. 시간을 들여 천천히 시작된 관계는 꾸준히 지속될 가능성이 높다. 또 상대가 사람이 아닌 사물이라고 해도 충동구매를 한 물건은 즉시 질려버리듯 '시작이 끝을 결정한다'는 구도가 적용된다.

누구나 시간과 장소, 또는 상대에 따라 대응하는 몇

가지 얼굴(캐릭터)을 가지는데, 그런 식으로 여러 종류의 얼굴을 구분하여 사용하는 경우에도 '어떤 얼굴로 시작했는가' 하는 것이 그 후의 관계에 크게 영향을 끼친다. 그 얼굴은 관계를 유지하는 동안 계속 인식되며 그것이 적절하게 유지되지 못할 때가 '끝'이라는 점에서도 지금까지의 다른 사례와 비슷하다.

마찬가지로 충동구매를 한 물건은 쉽게 질려버리고, 반짝 인기를 얻은 연예인은 반짝하다 사라지기 쉽다. 처음에는 인기가 전혀 없었더라도 서서히 인기를 얻는 상품은 오랫동안 사랑을 받는다.

열역학 세계에서는 물질마다 '비열(比熱)'*이라는 특성이 있다고 한다. 뜨거워지고 차가워지는 정도가 각각 정해져 있는 것이다. 예를 들어 물의 비열이 1이라면, 목재는 0.4, 철은 0.1이라는 식이다. 수치가 작으면 쉽게 뜨거워지고 쉽게 차가워진다.

즉, 뜨거워지고 차가워지는 정도는 기본적으로 물질에 따라 정해져 있으며, 쉽게 뜨거워지는 것은 반드시 쉽게 차가워진다. 이 특성을 이용해서 철은 철 나름대

---

* 어떤 물질 1g의 온도를 1℃ 올리는 데 필요한 열량. 단위는 cal / g·℃.

로, 물은 물 나름대로 사용 방법이 있다.

이 내용을 응용하자면, 이것저것 흥미를 가지고 다양한 일에 손을 대거나 공부하는 것을 좋아하는 사람은 그만두는 것도 빠르고 쉽다는, '쉽게 질리는' 측면이 반드시 있다는 사실을 이해할 수 있다(그래서 다음 대상에 흥미를 느끼는 시간이나 여유가 생긴다는 사이클이 만들어진다.).

이 논리로 볼 때, 무슨 일이든 오랫동안 지속하지 못한다는 고민도 뒤집어 말하면 끊임없이 새로운 것에 도전할 수 있다는 의미라고 생각할 수 있다. 즉, '새로운 것에 도전하는 행위를 지속하고 있는 것'이라고 볼 수 있다. '끝내는 방법'을 기준으로 삼으면 언뜻 단점으로 보이지만 '시작하는 방법'을 기준으로 삼으면 장점이 될 수 있다는 말이다.

마찬가지로 이것저것 생각하느라 좀처럼 시작하지 못한다는 '시작하는 방법'의 단점은 '좀처럼 그만두지 않는다'는 '끝내는 방법'의 장점으로 바꿀 수도 있다.

이렇게 생각하면 앞에서 열거한 두 번째의 말, "시작이 좋으면 끝도 좋다."에도 '또 하나의 의미'가 있다고 생각할 수 있다. 대부분의 경우, 이 말은 철저하게 준비해서 시작하면 그것이 마지막까지 이어진다는 의미에서 단순히 '준비나 출발의 중요성' 및 좋은 출발의 '지속성'을 설명하지만, 그에 더하여 시작과 끝의 '상관관계'로 볼 때 어떤 형태든 잘 시작한 것은 잘 끝낼 수 있다고 해석할 수도 있다. 예를 들면 원활하게 형성된 관계는 원활하게 끝나는 관계를 의미한다.

시작하는 방법에 따라 끝나는 방법이 정해진다. 무슨 일이든 별 의미 없이 시작할 때에도 이 구조를 의식해 두면 시작한 이후의 지속 방법을 생각할 때 매우 중요한 역할을 할 것이다.

3
멀리 있는 것이 도움이 된다

"감사의 마음을 잊지 마라."
"약속을 지켜라."
"긍정적으로 생각하라."
"눈앞의 대상뿐 아니라 그 앞을 읽고 행동하라."
"꾸준히 지속하는 데에 의미가 있다."
자기 계발 서적이나 연수, 강연회에서는 몇 가지 단순한 메시지를 집약하여 제시한다. 하지만 이런 메시지들은 사실 어린 시절부터 부모님이나 학교 선생님들에게 귀가 닳도록 들었다.
성인이 된 이후에도 일부러 돈을 지불하면서 같은 말을 듣거나 책을 읽는 이유는 무엇일까? 아무래도 인간은 '멀리 있는 사람'의 충고에 귀를 잘 기울이는 것

같다. 부모보다 친척, 친척보다 학교 선생님, 학교 선생님보다 학원 선생님의 충고에 더 귀를 기울이는 식이다. 또 일본인은 예로부터 '외압'에 약하고 같은 것이라 해도 "유럽이나 미국에서는 이렇게 한다."는 말을 들으면 묘하게 설득을 잘 당한다.

비즈니스 세계에서도 마찬가지다. 사내 인물이 아무리 말을 해도 설득력이 없었는데, 외부 컨설턴트가 말하면 설득력이 증가하는 경우가 적지 않다(사실 외부 컨설턴트를 활용하는 이유 중 하나가 이것이다.). 그렇게 생각하면 부모님이나 선생님에게 수백 번 들었던 말임에도 불구하고 만난 적도 없는 '먼' 해외 유명 인사의 이야기를 듣거나 해외 저자의 책을 읽는 데에 돈을 지불하는 행위도 충분히 이해할 수 있다.
새로운 아이디어가 탄생할 때의 포인트도 마찬가지다. '지금 살아 있는 사람'보다 '예전 사람'(그것도 오래될수록! 셰익스피어, 공자, 맹자 등)의 발언이 가치가 있는 것처럼 보이는 것도 시간적으로 '멀다'는 점에서 마찬가지 원리일지 모른다.

반면, 인간은 나이를 먹으면 멀리 떠나는 것을 두려워

내 남편은
프랑스 사람이에요.

내 남편은
띠플라녈에서 왔어요.

하는 등 자기도 모르게 '가까운 것'을 선택하기도 한다. 이것은 반드시 육체적인 나이에만 해당하는 것이 아니다. "이 길을 수십 년을 걸어왔다."라는 식으로 해당 분야를 벗어나지 않고 오랫동안 경험을 쌓는 경우에도 마찬가지로 적용된다.
'머리를 사용하는 방법'에 있어서도 경험이나 지식을 쌓아감에 따라 '가까이 있는 것'으로 해결하려 하는데, 이것이 '머리가 굳어지는' 원인 가운데 하나다. 이런 현상이 발생하는 이유는 가까운 세계만을 중심으로 생각하면 편하기 때문이다.

창조적인 아이디어도 대부분은 기존의 아이디어를 짜맞춘 것이라는 말이 있는데, 거기에는 한 가지 생각할 포인트가 있다. 그야말로 '멀리 있는 것일수록 가치가 있다'는 것이다. 예를 들어, 새로운 상품을 구상할 경우, 업계 안에서만 아이디어를 찾는다면 어차피 기존 상품의 연장선 위에서 찾아야 하지만 '멀리 있는 세계'를 활용하면 기존 상품의 조합이기는 해도 지금까지 없었던 상품이 탄생할 수 있다.
'머리가 굳어 있는 사람'은 다른 업계의 사례를 '업계가 다르니까 적용할 수 없다'고 무조건 부정하지만,

'머리가 유연한 사람'은 오히려 '전혀 다른 업계를 연결한다면 새로운 것이 탄생할 것'이라고 생각한다. 그것이 적절하게 연결된 순간 새로운 발상이 나온다.

진지한 이야기를 하고 있을 때 '진지하지 않은' 이야기를 들으면 불쾌한 반응을 보이는 사람과 재미있게 받아들이는 사람이 있는데, 이것도 '멀리 있는 이야기'에 평소 얼마나 안테나를 세우고 있는가 하는 하나의 기준이 된다.

'회전초밥' 아이디어의 힌트는 맥주 공장의 제조 라인에서, '벨크로 테이프' 아이디어는 도꼬마리(풀숲 등에서 옷에 달라붙는 식물)에서 왔다고 한다. 뉴턴이 '사과가 나무에서 떨어지는' 모습을 보고 '달과 지구의 관계'(만유인력의 법칙)로 연결한 것은 (정확한 진위는 어찌 되었건) 유명한 이야기인데, 이것도 '사과와 달'이라는 '멀리 떨어진 존재'들을 연결한 발상의 예다.

따라서 새로운 아이디어를 내려면 두 가지가 필요하다. 폭넓은 경험(취미나 놀이나 여행 등)을 하고 평소에 '먼 세상'의 정보를 받아들임과 동시에 그것들을 '억지로라도 연결해 보는' 것이다.

'멀리 떨어져 있는 것'을 연결할수록 가치 있는 아이

디어가 탄생할 가능성이 높다. 진지한 이야기를 하고 있을 때 진지하지 않은 이야기나 언뜻 관계가 없어 보이는 이야기를 듣게 된다고 해도 그것이 '탈선'인가 아닌가 하는 문제는 나중에 판단하면 된다.

4
깨달은 시점에서 이미 해결되어 있다

얼마 전 영국에서 자전거로 목적지까지 최단 거리로 이동하려던 사람이 '내비게이션의 지시대로' 따랐다가 혼잡한 도로에 진입하면서 문제가 되었다. 이 사건에 관한 보도에서는 마지막에 "내비게이션을 이용할 때는 '상식'을 우선하자."라고 했지만 효과는 거의 없을 것이다. 비상식적인 행동을 하는 사람은 대부분 그것이 '비상식'이라는 사실을 모르기 때문이다.

평소에 '상식'을 가지고 행동하는 사람은 이 말을 듣지 않아도 항상 상식적으로 행동하고, 평소에 '비상식'적인 행동을 하는 사람은 이 말을 들어도 자신은 거기에 해당하지 않는다고 생각한다. 따라서 '상식을 우선하자'고 해도 "아, 내일부터 당장 상식적으로 행동해

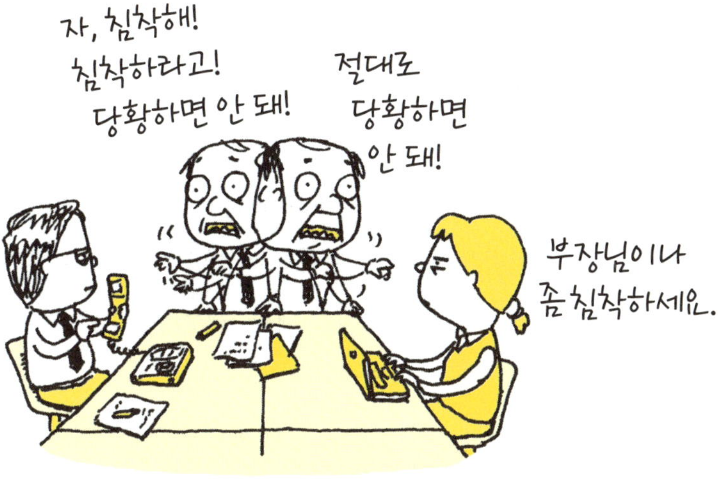
자, 침착해!
침착하라고!
당황하면 안 돼!
절대로
당황하면
안 돼!
부장님이나
좀 침착하세요.

야겠다."라고 생각하는 사람은 거의 없다.

마찬가지로 직장에서 흔히 들을 수 있는 말로 '머리를 사용해서 일하라', '생각 좀 해보라'는 말이 있는데 '머리를 사용하라'는 말을 듣는 것만으로 '머리를 사용하게 되는' 사람도 거의 없다. 그 말을 들은 사람은 자신이 '머리를 사용하지 않는 사람'이라고는 생각하지 않기 때문이다.

이런 말들의 포인트는 '깨달음'의 중요성이다. "아, 이제 취했어."라고 말하는 사람과 언뜻 보아도 엄청나게 취해 보이는데 "아직 안 취했다니까!"라고 큰소리치는 사람이 있다. 어느 쪽이 문제가 될까?

우리 주변에는 문제나 과제를 대하는 방식에서 다음과 같은 세 종류의 사람이 존재한다.

① 해결할 수 있는 사람
② 해결할 수 없다는 사실을 알고 있는 사람
③ 해결할 수 없다는 사실조차 모르는 사람

이것은 모든 영역에서 ①이나 ③에 해당하는 사람이 있다는 의미가 아니라, 개인적으로도 각각의 문제에 따라 어떤 경우에는 ①에 해당하고 어떤 경우에는 ③

에 해당한다는 의미다.
우리 주변의 문제들도 진짜 문제인지 아닌지로 분류하면 다시 세 가지로 나눌 수 있다.

① 정말로 문제가 없는 '해결이 된 문제'
② 문제라는 걸 알지만 해결되지 않은 '미해결 문제'
③ 문제라는 사실조차 깨닫지 못한 '미발견 문제'

이것을 그림으로 표현하면 다음과 같다.
③의 영역 바깥 테두리를 점선으로 만든 이유는 미발견 문제가 무한대로 존재할 수 있기 때문이다.

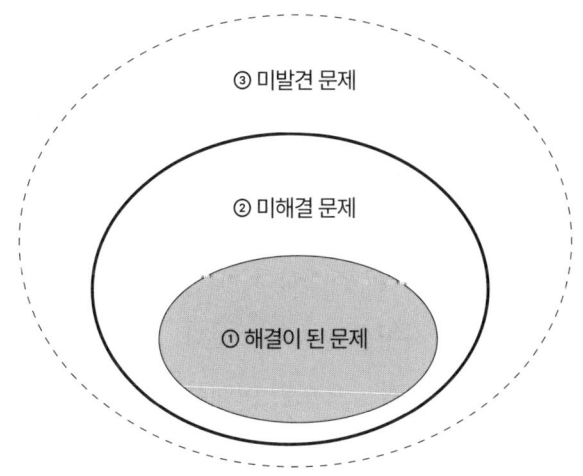

일반적으로 ②의 상태를 ①의 상태로 가지고 가는 것을 '문제 해결', ③의 상태를 ②의 상태로 가지고 가는 것을 '문제 발견'이라고 한다. 이른바 '깨달음'은 문제 발견에 해당한다.

앞의 예를 통해서도 알 수 있듯 압도적으로 중요하고 난이도가 높은 것은 문제 발견 쪽이다. "문제는 발견만 할 수 있으면 이미 해결된 것과 같다."라는 말은 그런 이유에서 나온 것이다.
이 책의 주제인 '말랑말랑한 머리'는 이와 관련이 있다. 시험 문제를 풀 수 있고 일류대학을 졸업했다고 해도 '머리가 굳어 있는' 사람은 얼마든지 있다. 그 사람들은 '문제 해결'을 잘할 뿐이다. 문제를 잘 발견하는 능력과는 전혀 다르다.
그렇다면 어떻게 해야 평소에 '유연하고 말랑말랑한 머리'를 유지할 수 있을까?
앞의 그림에 그 힌트가 감추어져 있다. 우리는 가장 바깥쪽 ③의 영역이 존재하며, 심지어 그 비중이 엄청나게 크다는 사실을 간과하고 있다.
지금까지의 사고방식으로는 이해할 수 없었던 것을 보았을 때나 실패했을 때에는 반드시 본인이 깨닫지 못한 미발견 문제가 숨겨져 있을 가능성이 크다. 그런 경우에 ③의 영역을 의식해 두면 거기에서 깨달음의 계기를 얻을 수 있을 것이다.

5
단순하게 생각하는 쪽이 어렵다

"인간은 생각하는 갈대다."라는 말로 유명한 파스칼은 친구에게 보낸 편지의 마지막 부분에서 "오늘은 시간이 없어서 이렇게 긴 편지를 쓰게 되어 미안하네."라는 말을 남겼다. 시간이 없어서 짧은 편지를 쓸 수밖에 없었다가 아니라 시간이 없어서 긴 편지를 쓸 수밖에 없었다고 말한 것이다. 어떤 의미일까?
여기에는 철학자이며 수학자로 '극한적 사고'를 직업으로 삼고 있는 파스칼이기 때문에 가능한 '사고'에 관한 간결한 메시지가 들어 있다. 이번에는 이 메시지의 의미에 관하여 생각해 보자.

어떤 주제에 관해(역사상의 인물이나 과학상의 발견

등) 리포트를 써야 할 때 '100쪽의 리포트'와 '1쪽의 리포트' 중 어느 쪽이 어려울까? 물론 상황이나 사람에 따라 답은 달라지겠지만 일반적으로 생각하면 1쪽이 간단해 보인다. 그런데 '정말 그럴까?' 하고 의문을 느끼게 만드는 것이 이 파스칼의 말이다.

100쪽의 리포트는 1쪽의 리포트보다 100배의 정보량이 필요하니까 지식의 양이나 정보를 수집하는 수고라는 관점에서 생각하면 100쪽이 '100배 더 힘들다'가 된다.

반대로 1쪽의 리포트는 작성 방법을 크게 두 가지로 생각할 수 있다. 첫 번째는 1쪽 분량만큼 정보를 수집해서 그것을 리포트에 그대로 싣는 것이다. 이 방식이라면 확실히 100쪽의 리포트보다 훨씬 편하게 작성할 수 있다.

두 번째 방법은 100쪽의 리포트를 작성하는 것과 비슷한 정도의 정보를 수집한 뒤에 '요약하자면 결국 무슨 내용인가?' 하는, 그 막대한 정보들로부터 알아낼 수 있는 중요한 메시지나 자신의 견해를 압축해서 생각함과 동시에 그것을 재구성해서 간결한 메시지로 집약한 결과를 1쪽으로 작성하는 것이다.

두 번째 방법을 선택한다면 단순히 100쪽 분량의 정

보를 '나열한' 100쪽의 리포트보다 '간결하게 정리한' 1쪽의 리포트 쪽이 두뇌도 훨씬 더 사용하고 시간도 많이 걸린다. 달리 표현한다면 100쪽의 리포트에는 지식은 필요해도 정리하는 능력과 시간은 필요 없고, 1쪽의 리포트에는 지식의 양에 '더하여' 정리하는 능력과 시간이 더 필요하다는 것이다.

이것은 '1의 출력'을 하기 위해 '1의 입력'(정보 수집)을 해서 '그대로' 출력하는 것(다른 사람에게 들은 내용을 그대로 옮기는 것)과, '1의 출력'을 하기 위해 '100의 입력'을 하고 거기에서 얻은 메시지를 나름대로 해석하고 재구성한 결과로 철저하게 압축해 '1의 출력'을 하는 것의 차이라고 표현할 수 있다.

전자는 그대로 옮기는 것이기 때문에 '단락적' 또는 '깊이 생각하지 않는' 상태를 나타내고 후자는 대량의 내용을 간결하게 압축하는 것이기 때문에 '복잡한 것을 단순하게 생각하는' 상태를 나타낸다.

면접 등에서 자기소개를 할 때 '10분 동안 설명하는' 것과 '30초 안에 설명하는' 것 중 어느 쪽이 어려운가 하는 문제도 이와 비슷하다. '본인에 관한 지식'은 충분히 있을 테니까 10분 정도 설명하는 건 어렵지 않을

것이다. 반대로 '요컨대 나는 이런 사람이다'라고 단시간에 임팩트 있게 설명하는 것은 상대나 목적에 따라 다른 설명이 필요하고, 최대한 특징을 압축해서 잘 다듬어진 최고의 단어들을 선택할 수 있어야 가능하다.

이처럼 '단순하게 생각하는' 것은 복잡하고, 막대한 정보를 '재구성하는' 처리가 필요하다는 것이 앞에서 소개한 파스칼의 말과 연결된다.
흔히 '단순하게 생각한다'고 말하면 '깊이 생각하지 않는다'와 같은 말이라고 오해하는 사람이 있는데, 여기에는 큰 차이가 있다. 지금까지 설명했듯 '복잡한 내용을 단순하게 생각해서' 간결한 출력(리포트나 프레젠테이션)을 하려면, 수집한 대량의 정보를 바탕으로 '요컨대 이것은 무슨 의미인가?'라는 것을 철저하게 파헤쳐서 압축해야 하기 때문이다. '깊이 생각하지 않는' 것은 '단순하게 생각하는' 것이 아니라 '단락적으로 생각하는' 것이다.

'유연한 머리'는 지식을 재구성하는 능력이다. 지식을 막대하게 보유하고 있는 것과는 전혀 다르다. 즉, '박식하다'는 것은 지적인 능력으로서 존경할 만한 가치가 있기는 하지만 '사고하는 능력'과는 직접 관계가 없을 뿐 아니라 상황에 따라서는 오히려 초점을 맞추기 어려워질 가능성이 있다는 점에서 '머리가 굳어질' 위험성도 내포하고 있다.

때로는 알고 있는 내용을 모두 말하지 않고 최대한 간결하게 표현해 보는 것이 효과적인 사고 훈련이 될 수 있다.

6
누구나 '나는 특별하다'고 생각한다

차이점과 공통점을 간파하고 '공통점'을 기준으로 관련짓는 것은 사고의 기본이다. 말이나 숫자도 인간이 사고를 할 때 개별 사상의 공통점을 찾아서 그것들을 '같다고 간주하는' 최고의 도구다.

이번에는 이런 기본적인 사고 회로를 저해하는 요인, '나는 특별하다'고 생각하는 인간의 습성에 관하여 생각해 보자. 우리는 타인이 객관적으로 보는 것보다 스스로를 더 특별하다고 생각하는 경향이 있다. 예를 들어, 동료가 일 처리를 잘한다는 이야기를 들었을 때 "내 경우에는 사정이 특별하니까."라고 말하거나 책을 읽어도 "교과서적인 일반론은 이해하지만 나처럼 특별한 경우에는 적용하기 어려워."라고 말하기 쉽다.

특히 타인으로부터 "이렇게 하면 좋겠다." 등의 지적을 받으면 "내 경우는 다르다."라고 반론하고 싶어지는 성질이 있다.

개인의 문제뿐 아니라 회사 같은 조직이나 집단으로서의 '업계' 차원에서도 비슷한 현상이 존재한다. "우리 회사는 특별해."라거나 "우리 업계는 특별해."라는 말도 흔히 들을 수 있는데, 이 역시 당사자는 제삼자가 객관적으로 생각하는 실태 이상으로 생각하기 쉽다.

공교롭게도 이런 경향은 하나의 회사만 경험한 사람이나 한 업계만 경험한 사람 쪽이 더 강하다. "○○는 특별해."라는 말은 최소한 서너 가지의 견본, 이상적으로 말한다면 10가지 이상의 견본을 보고 할 수 있는 이야기지만 오히려 경험한 견본의 수가 적을수록 그렇게 생각하는 경향이 강하다는 게 아이러니다.

처음 방문한 나라에서 만난 사람과의 특별한 경험을 기준으로 "이 나라 사람들은 ○○해. 우리와는 전혀 달라."라는 인상을 받았는데, 이후 그 나라 지인의 수가 증가하면서 "우리와 별 차이가 없네."라는 느낌이 드는 것도 같은 맥락이다.

'자기 자신'이나 '본인의 경험'은 일반화하기 어렵다. '자기 자신'은 '평생 한 사람 몫'밖에 경험할 수 없기 때문이다.

이 경향을 반대의 입장에서 생각해 보면, 우리는 타인의 이야기를 듣고 있을 때 상대방의 이야기를 상당 부분 일반화해서 듣고 있을 가능성이 있다. 따라서 반드시 이를 명심해야 하며 상대방의 고민이나 불평을 들을 때에는 특히 주의해야 한다.

상사에 대해 불평을 하는 상대방에게 "그거, ○○ 씨도 비슷한 말을 하던데."라거나 "흔히 볼 수 있는 상사와 부하 직원 사이의 고민이네."라고 일반화해서 말하면 "아니, 내 경우에는 그게 아니고…."라거나 "그 사람(상사)은 특히 심하다니까…."라는 식의 반응이 돌아오는 경우가 많다.

따라서 인간관계를 원활하게 유지하기 위해서도 상대는 (자기 자신과 마찬가지로) '하나뿐인 특별한 존재'라 인식하고, 일단 "그건 당신밖에 할 수 없어."라거나 "그렇게 심한 이야기는 처음 들었어."라며 있는 그대로 받아들인 후에 '일반화'해서 생각해 보아야 한다.

다만, 항상 '하나하나가 모두 특별하다'는 인식에 집

착하면 사고가 거기에서 정지해 버린다. 책을 읽고 배움을 얻으려 할 때 자기도 모르게 '본인과의 공통성'을 발견하고 싶어지는데, 그런 경우에 '이것은 특별한 상황'이라거나 '내게는 적용되지 않는 문제'라고 생각하면 그 순간 배움이나 깨달음은 사라진다. "혹시 내게도 적용할 수 있는 문제가 아닐까?"라는 자세를 가져야 비로소 깨달음과 연결된다.

상대방에 관한 문제는 의식적으로 '특별한 존재'라고 생각하고, 반대로 본인의 문제는 의식적으로 '타인과 같다'고 생각하는 자세를 갖춘다면 커뮤니케이션을 원활하게 유지할 수 있고 그 안에서 많은 것을 배울 수 있다. 그러니 평소에 "나는 특별해."라고 생각하기 쉬운 경향을 충분히 의식하고, 일반화와 특수화를 적절하게 구분하도록 하자.

7
자기중심에서 벗어나 생각하다

본인이 이해할 수 없는 것을 보았을 때 크게 두 가지의 반응이 있다. '상대방을 자신에게 맞추는 것'과 '상대방에게 나를 맞추는 것', 두 가지다.

'상대방에게 맞추는 것'은 본인이 옳다고 생각하지만 상황 때문에 어쩔 수 없이 맞춰준다는 것이 아니라, 정말로 '사고방식'을 바꾸어 그쪽이 좋다고 생각한다는 것이다. 예를 들어 '요즘 사람들은…' 하고 말하고 싶은 경우에 이런 상황이 자주 발생한다.

"중요한 용건을 전화기 아닌 메일로 이야기한다."
"식사 도중에(또는 길을 걸으며) 스마트폰을 본다."
"회사의 회식보다 개인적인 시간을 우선한다."
요즘 사람들의 문제점을 지적하는 말들이 여기에 해

당한다. 흔히 볼 수 있는 반응은 '괘씸하니까 바로잡아 주어야 한다'는 것이다. 여기에는 '본인의 사고방식이 절대적으로 옳다'는 전제가 깔려 있다. 따라서 '문제는 상대방에게 있다'는 결론이 나온다.

하지만 가치관은 시대와 함께 변하는 것이며, 절대적으로 옳거나 잘못된 가치관은 거의 없다. '중요한 용건을 메일로 보내는 것은 실례'라는 의식을 예로 든다면 정보통신 기술이나 스마트폰의 빠른 보급 덕분에 '메일로 끝내는 것이 간편하다.'라고 생각하는 사람들의 비율이 증가하고 있다. 오히려 '왜 군이 전화를 이용하는지' 이해하기 어렵다고 생각하는 사람도 많이 증가했다.

그야말로 '상식이 역전되고 있는 현상'이다. 이것은 '요즘 젊은 사람들은…'이라고 말하고 싶은 경우에 전반적으로 적용되는 현상이다. 다시 말하면, '다양한 시대적 변화에 의한 인간 행동의 변화인데, 아직 주류를 이루지 못했을 뿐'이다.

또 '흐트러진 언어'나 '흐트러진 매너'가 증가했다고 하는데 사실 '흐트러졌다'는 것은 어떤 변화를 부정적으로 받아들였을 경우에 사용되는 말이다. 언어나 말도 '흐트러지지' 않았으면 수백 년 전과 전혀 달라지

지 않았을 것이다.

비즈니스 상황을 예로 들면 '이상한 고객'의 불만에 어떻게 대응할 것인가 하는 문제가 있다. 잘못 사용해 놓고 문제를 제기하거나 가격 이상의 기대를 했다가 그에 미치지 못한다는 이유를 내세워 문제를 제기하는 경우, 일반적으로는 이런 '특별한' 고객이나 의견은 '비상식적인 소수파'로 취급하여 무시한다. 이런 불만에 성실하고 진지하게 대응하다 보면 엄청난 시간이 소비되니까 이것은 어떤 의미에서는 적절한 대응이라고 말할 수 있다.

하지만 이런 불만 안에 아이디어의 싹이 숨겨진 경우가 있다. 예를 들어 신제품을 개발할 때는 '제멋대로인 소수파'의 의견이 옳다는 전제를 두고 제품이나 발상을 바꾸어 보려고 노력하는 쪽이 새로운 제품을 만들거나 발상을 내놓는 데 필요한 사고방식이다.

중요한 것은 '옳은가, 그른가'라는 각 선택지의 관점이 아니라 '다른 가치관을 가진다면 정반대의 결론이 나오지 않을까'라고 하는 '사고방식' 차원에서 사물이나 사건을 보아야 한다는 점이다.

시대의 변화는 대부분의 경우 '특별한 케이스'에서 시

작된다. 이런 시기에 언제까지나 자신의 가치관이 표준이라고 생각하고 있으면 변화에 한참 뒤처져 자기도 모르는 사이에 지금은 화석으로만 남은 '공룡'이 되어버린다.

물론 시대가 변해도 흔들리지 않는 확고한 철학을 가지고 있는 것도 중요하다. 그러나 그에 덧붙여 유연하게 변화시킬 수 있는 사고방식도 갖추어야 균형을 이룰 수 있다. 즉, '중심이 되는 철학'과 '유연한 가치관'을 함께 갖추는 것이 이상적인 모습이다. 하지만 우리는 자기도 모르게 확고한 철학이 아닌 '확고한 가치관'으로 사상을 포착하기 쉽다.

따라서 "혹시 내가 그릇된 것이 아닐까?"라는 사고방식이야말로 '유연한 머리'와 직결된다. '본인이 옳다'는 전제로 사물이나 사건을 바라보면 사고방식에 진척이 없고 새로운 발상도 나오지 않는다. '이상하다', '잘못이다', '그만두게 하고 싶다', '바로잡고 싶다'는 생각이 들었을 때 "혹시 내가 잘못된 것이 아닐까?"라고 생각해 보는 태도가 새로운 발상을 낳는다.

CHAPTER 2

물리 법칙으로 이해하는 생각의 메커니즘

인간은 생명체로서 존재할 뿐 아니라 '마음'이 있다는 점에서 천체나 돌 등의 자연에 존재하는 무생물과는 크게 다르다. 이것은 어떤 의미에서 너무나 '당연한' 이야기라고 생각할지도 모른다. 물론 이 사고방식은 틀린 것이 아니지만 앞 장의 마지막 부분에서 설명했듯 '나는 특별하다'라는 발상은 '인간은 특별하다'라는 발상과 비슷하다고 볼 수 있다.

이번 장에서는 '나는 특별하다는 병'으로부터 벗어나는 계기로서 '사실 인간의 행동 패턴도 무생물의 작동 원리와 같은 것이 아닐까?' 하는 가설을 세우고, 인간도 다양한 물리현상을 따라 움직인다는 전제 아래 여러 가지 행동을 살펴보려고 한다.

학창 시절에 배운 '물리 법칙'을 생각해 보자. 우리는 암묵적인 전제 조건으로서 물리학이나 수학 등의 이과계 학문은 자연현상을 대상으로 삼고, 사회학이나 심리학 등의 문과계 학문은 인간을 대상으로 삼는다는 식으로 구별했다.

그러나 여기에서는 '인간 활동도 자연현상의 일부'라는 전제를 세운 뒤 '인간 이외의 대상'에 적용했던 물리 법칙이 사실은 인간 행동에도 적용된다는 흥미로운 사실을 살펴보고, 그 결과로서 1장에서 소개했듯 '나는 특별하다'는 병을 극복하는 계기로 삼고자 한다. 학교에서 배운 물리 법칙 같은 것은 기술자가 될 것이 아니라면 일상생활에는 별 도움이 되지 않는다고 생각하는 사람들이 많겠지만 사실은 인간 행동의 많은 부분에 적용할 수 있다. 그리고 제대로 적용하면 물리 법칙처럼 어떤 생각의 메커니즘을 이해하고 이후에 무슨 일이 발생할 것인지 예측도 할 수 있다. 그러니 힘들게 배운 물리 법칙을 여기서 마음껏 즐겨보자.

1
물리 세계와 정신 세계

인간 두뇌의 우수한 점 하나는 주변에서 발생하고 있는 물리적인 사실들을 정신 세계에서도 마찬가지로 재현하고 있다는 점이다. '물리 세계'와 '정신 세계'의 이중성이라고 말할 수도 있다.
다음 동사들을 살펴보자.

- 던지다(포기하다)
- 힘을 쓰다(고생하다)
- 몸이 뒤틀리다(거북하다)

이 동사들은 원래 '물리적인' 상태로서의 표현인데 심리적·정신적인 상태(괄호 안의 의미)의 표현으로 활용하고 있다. 일종의 비유나 은유이며 메타포라고도 할 수 있다. 생각해 보면 우리가 신체를 움직이는 행위나 물리적인 상태를 나타내는 말 대부분이 심리적·정신적 상태의 은유적 표현으로도 활용되고 있다. 이것은 단순한 동사 표현뿐 아니라 속담이나 관용구에서도 흔히 볼 수 있다.

- 물은 낮은 곳으로 흐른다.
- 엎질러진 물이다.
- 위험한 다리를 건넌다.

주변의 물리적 현상이나 경험이 그대로 심리적·정신적 상황에서의 '교훈'으로 쓰이고 있는 경우다. 이처럼 물리적인 현상을 정신적인 측면에서 교훈으로 삼는 예는 흔히 볼 수 있으며, 우리는 거기에서 다양한 깨달음을 얻는다.

'거리감'이라는 표현을 생각해 보자. 이것은 물리적인 거리를 의미하기도 하지만 심리적인 거리를 의미하기도 한다. 물리적인 거리를 매우 중요하게 여기는 예로 복싱을 들 수 있다. 복싱에서 가장 강한 펀치를 발휘할 수 있는 거리는 상대방과 '어정쩡하게' 떨어져 있는 상태다.

이것을 심리적인 측면에 응용해도 마찬가지다. '거리가 먼' 사람이 펀치(비판이나 비난 등)를 날리면 도달하기 어렵고 가볍게 흘려버릴 수 있다. 정말 먼 거리의 관계라면 상대방이 펀치를 날릴 생각조차 하지 않는다. 반대로 문자 그대로 '품속으로 파고드는' 정도로 매우 가깝다면 펀치를 뻗을 수도 없다.

상대방으로부터 '심리적 펀치'를 가장 강하게 얻어맞는 거리는 '어정쩡하게 가까운' 사이다. 예를 들면 충분히 친하다고 착각해서 간섭을 하거나 상대방의 교우 관계를 충분히 이해하고 있다고 착각해서 공통의 지인인 제삼자를 비판하는 상황일 수 있다. 이 같은 예는 그야말로 '물리적 상황'과 '심리적 상황'이 같은 구조라는 사실을 잘 보여준다.

'물은 낮은 곳으로 흐른다.'는 것도 물리적으로는 중력이 만들어내는 현상이지만 심리적 상황에 응용하면 '인간은 가만히 내버려두면 편한 방향으로 자연스럽게 흘러간다'는 특성을 이끌어낼 수 있다.

한 번 낮은 곳으로 흘러간 물은 스스로의 힘만으로 다시 높은 곳까지 올라가기는 어렵다. 누군가가 퍼 올리거나 도구를 사용하는 식으로 어떻게든 '외부의 힘'에 의지해야 할 필요가 있다는 물리적 해결책 역시 심리적 상황에 응용할 수 있다.

인간의 행동에도 항상 '가능하면 편하고 싶다'는 중력 같은 힘이 작용한다. 따라서 일이든 공부든 자연의 흐름에 맡기면 보다 편한 방향으로 흘러간다. 한 번 편안함을 맛본 상태에서 힘든 상태로 돌아가려면 스스로의 힘만으로는 불가능에 가깝기 때문에 '누군가의 도움을 받는다'거나 '도구의 힘을 빌린다'는 물리적 해결책에 가까운 선택을 해야 한다.

이 구도는 다이어트에도 적용된다. 체중이 증가한다는 것은 물이 낮은 곳으로 흐르는 것과 마찬가지 상태이니 원래로 되돌리려면 '외부로부터의 힘', 즉 나름의 노력이 필요하다.

최근에는 이런 구도가 물리적 세계와 인터넷 등의 가상 세계 사이에도 확대되고 있다. 현실 상점에서 가상 상점으로 전개되는 양상이다. 입소문의 경우, 물리적인 '입'이 존재하지 않는 인터넷에서는 오히려 양, 파워, 속도가 모두 증가한 소셜미디어로 실현된다.

보안을 위한 '방화벽'이나 인터넷 쇼핑에서의 '장바구

니' 등과 같이 현실 세계에서의 비유가 응용되는 예는 정보통신 기술 분야에서 다양하게 볼 수 있다. 이것들을 개발하거나 응용할 때에도 현실 세계에서의 노하우를 활용할 수 있다.

이처럼 원래 인간이 영위하고 있는 '눈에 보이는' 물리적인 활동을 '눈에 보이지 않는' 다양한 활동으로 전개하여 세계를 확대할 수 있는 것이 인간이 가지고 있는 지적 능력의 우수성이다. 달리 표현하면 인간의 창의력이 발휘되는 방식의 대부분은 이런 '물리 현상'에서 힌트를 얻을 수 있다.

따라서 새로운 발상이 떠오르지 않을 때는 주변에서 발생하고 있는 물리적인 현상을 '개념으로 치환해 보는' 것도 효과적인 수단 중의 하나다.

'말랑말랑한 머리'라는 표현 역시 물리 세계에서의 상태를 나타내는 형용사를 '머리'에 응용한 것이다. 일반적으로 신체는 나이를 먹으면 굳어지는데, 두뇌에도 이 물리 법칙이 적용되리라 본 것이다.

2
작용 반작용의 법칙

"요즘 TV 프로그램은 시시한 버라이어티뿐이야."
"우리 부하 직원은 보고나 연락도 제대로 못 해."
"공무원들은 혹시라도 무슨 일이 생길까 봐 주어진 역할 이외에는 전혀 시도하지 않아."
"정치가는 나라 전체를 생각하지 않고 자신과 관련된 단체의 이익만 근시안적으로 생각하는 사람들이야."
이런 말들의 배경에 공통적으로 존재하는 구조가 있는데, 바로 '작용 반작용의 법칙'이다.

'작용 반작용의 법칙'을 이야기하면 중학교 과학 시간에 배운 내용이 떠오르는 사람도 많을 것이다. 우리가 어떤 힘으로 벽을 밀면 벽도 똑같은 힘으로 우리를 반대 방향으로 민다는 '뉴턴의 운동 제3법칙'으로, 역학의 기본 법칙이다. 물론 물리 법칙이니 기본적으로 '물체와 물체'의 관계성을 나타낸 것이지만 '인간관계'에도 같은 관계성이 존재한다는 것이 이번 주제다.

앞에서 열거한 말들로 돌아가서 살펴보면, 이런 말에는 '말하는 쪽'과 '듣는 쪽'이라는 크게 두 종류의 플레이어가 각각 존재한다.
'TV 방송국과 시청자', '상사와 부하 직원', '공무원과 납세자', '정치가와 유권자'라는 구도다. 앞의 말은 모두 이런 양자 구도의 한쪽에서 다른 한쪽에 대하여 일방적인 비판을 하는 것이다. 하지만 가만히 생각해 보면 비판을 당하는 쪽이 그런 행동을 하게 만든 것은 결국 비판을 하고 있는 쪽일 수도 있다.
TV 프로그램이 '시시한 버라이어티'만 구성되는 이유는 그쪽이 가장 시청률이 높기 때문이다. 바꾸어 말하면 시청자들이 바라고 있기 때문이다. 제공자 쪽의 일방적인 잘못이라는 논조로 말하지만 사실 제공자는 시청자를 무시하고 일방적으로 프로그램을 제공할 수 없다.

두 번째를 보자. '보고나 연락도 제대로 못 하는 부하 직원'을 만든 것은 다름 아닌 상사 자신일 가능성이 높다. 하지만 이런 말을 하는 상사는 전혀 인식하지 못한다. 커뮤니케이션은 반드시 쌍방향으로 이루어진다. '보고나 연락을 하지 못하는' 원인은 당연히 부하 직원에게 있지만 상사가 부하 직원을 대하는 방식이 잘못되었기 때문에 이런 결과가 나오는 것이다.
부하 직원의 입장에서 보고나 연락을 제대로 못 하는 원인을 생각해 보자. 가장 큰 이유는 보고나 연락을 해도 특별히 유익한 결과가 없기 때문이다. 즉, 상사에게 말해도 단순한 정보 수집을 하고 있을 뿐 아무런 조언도 들을 수 없고 도리어 상사가 화만 내기 때문에 그 시간이 낭비로 느껴진다. 이 경우, 상사 쪽은 '무능한 부하 직원'이라고 한탄하지만 사실은 자신이 '무능한 상사'의 모습을 드러내 보이고 있는 매우 수치스러운 상황이다.

'주어진 역할만 하는 공무원'을 비판하는 납세자도 무슨 일만 있으면 즉시 '상대방 탓을 하는' 납세자의 자세가 공무원을 방어적으로 만들었을 가능성이 높다. 원인이 비판하는 쪽인 경우도 꽤 있는 것이다. 납세자 쪽이 위험을 안고 행동한 상대방에게 고마움이나 칭찬을 표시한 적은 없으면서 막상 무슨 문제가 발생했을 때에는 그 책임을 모두 상대방에게 돌린다면 공무원은 당연히 '굳이 새로운 일을 시도할 필요가 없다'는 방어적 자세를 취할 수밖에 없다.

정치가를 향한 유권자의 일방적인 비판도 비슷하다. 민주주의에서 정치가의 행동 원리는 매우 단순해서 '어떻게 민의를 반영한 표를 얻는가' 하는 것이다. 즉, '단기적이면서 표층적인 일부 단체로 이익을 유도하는' 행동 패턴을 보인다면 보다 많은 유권자들이 그쪽을 선택한다. 자신들도 그런 이익을 바라고 있기 때문이다. 자신과 관계가 없는 단체에 이익을 주기 위해 유도한다면 불쾌하게 생각하지만, 자신이 이익을 얻을 수 있는 경우에 그 이익을 굳이 거부하는 사람은 없다. 따라서 정치가가 비판을 당해야 할 자세를 보였다면 다른 사람이 아닌 유권자 쪽에도 그 원인이 있을 가능성이 매우 높다.

젊은 사람과 연장자의 관계나 부모와 자녀의 관계에 관해서도 같은 말을 할 수 있다. 상대방을 그렇게 만든 원인은 대부분의 경우 '이쪽'에도 있는데 그것을 일방적으로 상대방 탓으로 돌리는 행동은 '작용 반작용의 법칙'에 비추어볼 때 설득력이 부족하다.
연하장을 많이 받는 사람은 '많이 보내는 사람'이다. 마찬가지로 정보 수집을 잘하는 사람은 '다른 사람보다 훨씬 많은 정보를 발신하는 사람'이다.
이처럼 인간관계에서도 '작용 반작용의 법칙'과 비슷한 메커니즘이 작용한다. 따라서 '상대방을 바꾸기' 위해서는 필수적으로 자신이 바뀌어야 하는 법이다.

이렇게 생각해 보면 우리 인생 자체와 외부 환경과의 사이에도 물리적인 '작용 반작용의 법칙'이 작용하는 것처럼 느껴진다. 이 법칙을 적극적으로 잘 활용하면 나름의 기회를 얻을 수 있지만(물론 실패도 많지만) 소극적이고 방어적인 태도를 보인다면 실패가 적은 대신 기회도 적은 '평온한' 인생이 될 것이다.
'작용 반작용의 법칙'을 기준으로 생각하자면, "나는 운이 없어!"라고 말하는 사람들 대다수는 결국 본인이 '운을 잡으러 가지 않기 때문'인 것이다.

3

마음의 도플러효과

저쪽에서 다가오는 구급차와 나를 지나친 이후의 구급차는 사이렌 소리가 다르게 들린다. 즉, 구급차가 나에게 가까워질수록 소리가 커지고, 나에게 멀어질수록 소리가 작아지는 것이다. 우리는 학창 시절 이것을 '도플러효과'라는 물리현상이라고 배웠다.

이처럼 '저쪽에서 다가오는 것과 지나간 것은 똑같은 것이라도 다르게 들리거나 보인다'는 현상은 우리 주변에서도 많이 볼 수 있다. 구급차의 사이렌 같은 물리현상뿐 아니라 심리적으로도 비슷한 현상이 많이 존재한다. 이번에는 '심리적 도플러효과'라고 말할 수 있는 의식 또는 사상에 관해서 생각해 보자.

엄마 뱃속에 있을 때는
빨리 밖으로 나오고 싶었는데,

막상 나와 보니
그렇게 대단한 세상은 아니네.

어렸을 때를 기억해 보면 아이의 입장에서 보는 '스무 살'은 '어엿한 어른'이었다. 그래서 빨리 어엿한 어른이 되어 '어른들의 세계'를 맛보고 싶다고 생각했다. 하지만 막상 스무 살이 되었을 때는 '고등학교 시절과 크게 달라진 것이 없다'는 느낌이 들었을 것이다. 오히려 20대 후반에 이르러 되돌아보면 스무 살은 '아직 어린아이'처럼 보인다. 물론 본인이 그만큼 성장한 덕분이기도 하지만 이것이 바로 '저쪽에서 다가올 때'와 '나를 지나간 후'는 같은 것이라도 달라 보이는 도플러효과다.

앞을 보면 '서른 살'이나 '마흔 살'이라는 표식도 서서히 저쪽에서 다가오는데, 이것들 역시 스무 살 때와 마찬가지로 적용할 수 있다. 예를 들어 '마흔 살'이라고 하면 20대 때에는 '어엿한 아저씨'로 보였지만 그 나이를 지나고 보면 '뜻밖으로 20대와 크게 변하지 않은' 느낌이 든다. 특히 (사람에 따라 다르지만) 정신적인 측면에서는 '저쪽에서 다가올 때' 보였던 것과 경험하고 지나온 이후에 느끼는 것은 '생각했던 것과는 많이 달랐다'고 여기는 경우도 많다.
이 흐름을 그림으로 보면 다음과 같다.

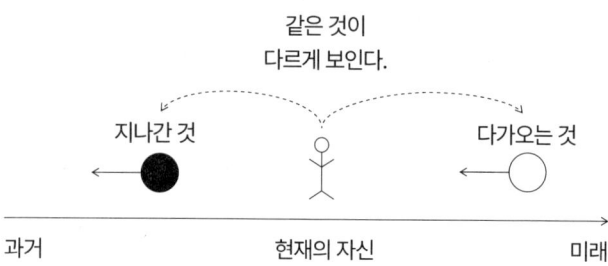

비슷한 현상으로, 신입 사원 시절은 연봉이 낮아 '앞으로 연봉 1천만 원이 오르면 삶이 많이 달라질 것'이라고 생각했는데, 막상 그 연봉을 받게 되면 '신입 사원 시절보다 낫기는커녕 오히려 부족하다'고 느껴진다.

자격증을 취득하는 것 역시 취득하기 전에는 자격증을 가진 사람들이 빛나 보였는데 막상 취득해 보면 '별것 아니다'라고 느껴지거나, 회사에서의 승진도 '밑에서 보았던 인상'과 '위에서 보는 인상'이 다르다.

앞으로 발생할 것과 이미 경험한 것을 다르게 해석하는 이런 구도는 다양한 장면과 상황에서 볼 수 있다. '자연을 파괴하는 도시개발 반대'를 외치는 사람이 살고 있는 지역도 사실은 과거에 자연을 파괴하고 만든 땅일 수 있다. 경제 발전을 위해 지금까지 대량으로 화석연료를 소비하면서 이산화탄소를 분출해 온 나라가 갑자기 '앞으로 발전을 할' 신흥국에 대해 환경보호를 해야 한다고 외치거나, 핵을 보유하고 있는 나라가 '자신들을 따라오는 나라'에는 반대를 하는 현상도 매우 비슷한 구도다.

이런 사상의 공통된 구도는 가까워지고 멀어지는 '구급차의 사이렌 소리'와 같은 차이지만 당사자가 그 차이를 깨닫기는 어렵다. 따라서 '말랑말랑한 머리'로 생각한다는 것은 확신하는 태도를 배제하고 주변의 사상을 객관적으로 바라보는 것부터 시작된다.
'확신'은 스스로 깨닫기가 매우 어렵지만 '견해가 다르다'는 관점으로 본인의 사고방식을 관찰하면 '굳어 있는 머리'를 말랑하게 만드는 계기를 마련할 수 있다.

4
모든 일에는 상류와 하류가 있다

모든 일에는 강물이 흐르듯 '상류'와 '하류'가 있다. 상품이나 이벤트 등의 기획에서부터 상세한 계획, 그 제작과 실행, 판매가 그렇고, 건축물의 구상에서 설계, 시공, 완성이라는 일에도 마찬가지로 상류와 하류가 있다.

그리고 이 흐름 속에 공통으로 존재하는 구조가 있다. 다음 페이지의 표는 상류에서 하류로 가는 흐름의 구조적 변화에 관한 몇 가지 측면을 제시한 것이다. 표를 보면 무엇을 말하려는 것인지 보다 확실히 이해할 수 있을 것이다.

우선 대부분의 일은 이상적이거나 추상적인 것을 구체적인 것으로 변화시키는 작업이다. 이상적이거나 추상

상류 ⇨	하류
추상적인 콘셉트	구체적인 실행
부드럽다	굳어지다
눈에 보이지 않는다	눈에 보인다
비정형/표준화 불가능	정형/표준화 가능
가치를 알기 어렵다	가치를 알기 쉽다
성과가 시간에 비례하지 않는다	성과가 시간에 비례한다
한 사람의 결과물	집단의 결과물

적인 콘셉트란 '혜택받지 못한 사람을 도와주고 싶다', '세상을 상대로 큰일을 하고 싶다', '지금까지 없었던 멋진 건물을 짓고 싶다'는 것과 같다. 이런 추상적인 콘셉트를 구체화해서 실행하는 것이 일이다.

따라서 상류에서의 성과물은 확정되어 있지 않으며 변동될 요소가 크기 때문에 '부드러우면서', '눈에 보이지 않는' 것이라고 표현할 수 있는데, 하류로 흘러가면서 구체성을 띠게 되고 그것이 형태를 이루면서 '굳어져', '눈에 보이는' 형태가 된다.

그렇기 때문에 상류로 갈수록 일은 '비정형적'이며, 매회 패턴이 다르다. 다시 말해 재현성이 낮고 표준화가 어렵다. 그러나 하류로 흘러가면 '정형화'되며, 누구나 재현이 가능한 것으로 변한다. 즉, 상류 쪽의 일은 개별적인 것이지만 하류 쪽의 일은 표준화할 수 있다.

한편으로 상류에서의 일의 성과는 '가치를 측정하기 어렵다'는 의미도 있다. 상류에서는 일을 평가하는 '척도'가 다르기 때문에 사람들이 이해하기 어렵다. 여기에 비하여 하류로 흘러감에 따라 척도가 압축된다. '속도'나 '용량', '가격'이라는 식으로 '수치화가 가능한 것'으로 바뀌며 사람들이 같은 척도로 대화를 나눌 수 있게 되고 가치를 쉽게 비교할 수 있다.

여기에 한 가지 구조적인 모순이 존재한다. '특정인만 할 수 있는 일'과 '누구나 재현할 수 있는 일' 중에서 부가가치가 높은 쪽은 당연히 전자다. 사람들이 비싼 돈을 지불하고 스포츠 시합이나 음악 콘서트를 관람하러 가는 것은 '그 사람만 할 수 있는' 퍼포먼스를 보거나 듣기 위해서다. 하지만 이런 '상류'의 일은 일반적으로 사람들이 이해하기 어렵기 때문에 앞에서 설명했듯 극히 일부 분야를 제외하면 수익화하기 어렵다.

대부분의 경우 이런 상류 쪽의 일은 '무료'로 이루어

나는 지금
아이디어를 정리하는
작업 중이야.

한가하네.

이 시간을 유효화하는
아이디어 좀 없나?

지고, 대신 그 비용을 사람들이 이해하기 쉬운 하류의 일을 통해서 회수한다는 구도가 만들어진다. 이해하기 쉽게 '견적서'가 완성되기 전과 완성된 후라는 두 가지 상황을 비교해 보자. 돈은 당연히 견적서가 완성된 이후에 들어온다. 그렇다면 부가가치는 어느 쪽에 있을까? 견적서가 완성된 이후가 아니라 '견적서가 완성되기까지'가 더 높다.

건물을 짓는 경우, 가장 난이도가 높은 것은 '유연성이 높은' 부분, 즉 고객의 요구 사항을 듣고 그것을 형태화하여 도면에 옮기고 구체적인 재료를 구성하는 단계다. 하지만 '견적서'에 제시되는 것들은 대부분 '수치화할 수 있는' 일부 재료의 경비나 시공하는 작업 시간이다. 상류로 가면 기껏해야 '설계비'를 받는 정도이고, 그 이상의 '상담 단계'를 유료화하기는 매우 어렵다.

이처럼 수익화할 수 있는 일은 '시간'(인간의 작업에 의존하는 것)이나 '무게'(재료 등), 또는 '원고지 매수와 글자 수'(번역 작업 등)로 표현할 수 있는 것이지만 사실 부가가치가 높은 일이란 이런 수치에 비례하지 않는다. 아이디어의 좋고 나쁨은 생각한 시간에 반드시 비례하는 것이 아니다. 즉, '종이 한 장에 10억 원'의 가치가 있다고 하는 아이디어는 상류 세계에서는 존재하지만 종이 한 장으로 '누구나 이해하기 쉽도록' 설명하는 것은 매우 어렵기 때문에 결국 '두꺼운 리포트'가 비싼 가격에 팔린다.

상류와 하류의 또 한 가지 차이는 상류에서는 적은 인원으로 일이 이루어지지만 하류에서는 집단으로 이루어진다는 것이다. 끝까지 파고들면 아이디어의 최상류는 대부분의 경우 '한 명'이다. 기본적인 구상이나 콘셉트는 '하나의 뿌리', 즉 한 사람에 의해 모든 것이 연결된다. 하나의 개념이 아니면 그 이후의 방향성이 복잡해져서 정리가 되지 않기 때문에 여러 사람이 아무리 많은 시간을 들여도 완성할 수 없다.
인터넷 세계에서는 아이디어도 클라우드 소싱이라고 하여 여러 사람이 참가하는 쪽이 좋다고 하지만 이것도 상황에 따라 다르다.

이처럼 일에는 상류와 하류에서의 평가 포인트가 다르다는 것, 실질적 가치와 판매할 수 있는 가치 사이에는 항상 큰 차이가 존재한다는 것을 머릿속에 넣고 전체적인 과정을 통하여 일을 부감해 보면 어느 부분에 '말랑말랑한 머리'를 사용해야 할지 간파할 수 있다.

'말랑말랑한 머리'로 일을 한다는 것은 '사람들이 가치를 이해하기 어렵다'는 점에서 볼 때 힘든 입장에 서게 되는 경우도 많다.

5
침식당하는 쪽은 정해져 있다

"이미 엎질러진 물이다."라는 말이 있다. 그릇이 엎어져 엎질러진 물은 원래 상태로 되돌릴 수 없다는 뜻이다. 또 뜨거운 물을 방치하면 시간이 지남에 따라 서서히 식지만 방치하는 것만으로 물이 뜨거워지는 경우는 없다. 이처럼 시간의 흐름이 어느 한쪽 방향으로만 흘러가는 관계는 우리 주변에서도 꽤 많이 볼 수 있다.

예를 들면 신호등이다. 신호등은 어떤 계기로 일단 설치가 되면 그것이 철거되는 경우는 거의 없다. 즉, '신호등이 있는 상태'는 '신호등이 없는 상태'를 침식하고 이것을 되돌리는 경우가 거의 없다.

좋다고 생각하면 되돌리기 어렵다.

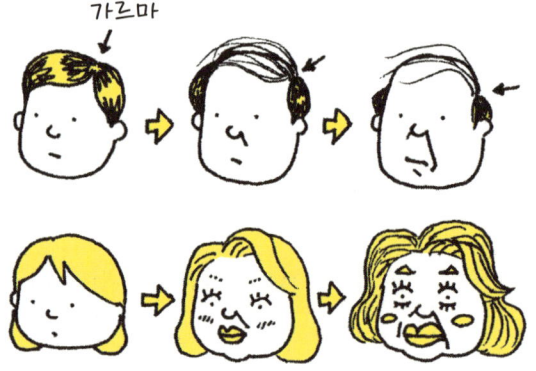

헤어스타일이나 화장에도
흔히 나타나는 현상이다.

동남아시아 신흥국가 등에 가보면 교통량이 엄청나게 많은 교차로에도 신호등이 설치되어 있지 않은 경우를 흔히 볼 수 있는데, 경제가 발전함에 따라 신호등은 틀림없이 가속적으로 증가할 것이다. 반대로 우리의 경우 인구와 교통량이 줄어든다고 해도 신호등이 현저하게 감소하는 현상은 생각하기 어렵다.

이처럼 새롭게 설치되는 경우는 있어도 어지간해서는 철거하지 않는 현상은 이외에도 여러 가지에 적용할 수 있는 원칙이다. 위험에 대한 대책에는 누구나 찬성하지만 효율성 등의 이유로 그것을 철거하는 작업은 '무슨 일이 생기면 어떻게 할까?' 하는 심리가 작용하기 때문에 실행하기 어렵다.

'쉬운 것'과 '어려운 것' 사이에도 마찬가지 관계가 존재한다. TV 프로그램이 '재미없다'는 의견은 흔히 들을 수 있는데, 그 이유는 프로그램 내용이 '누구나 이해하기 쉬운 방향'으로 흘러가는 경향이 있기 때문이나. '이해하기 쉬운 것'과 '이해하기 어려운 것'이 있나면 많은 사람으로 구성되는 집단에서는 '이해하기 쉬운 것'이 선택을 받을 가능성이 높다.

이렇게 해서 세상은 점차 '많은 사람이 이해하기 쉬운

방향'으로 흘러가고 이해하기 어려운 것들은 침식을 당한다. 이 관계도 하나의 집단이나 사회 시스템 안에서는 되돌리기 어려운 '일방통행'처럼 보인다.

또 '칭찬'과 '비판'의 행위에도 비슷한 현상이 있다. 어떤 작품을 비평하는 경우 처음 몇 명이 그 작품을 칭찬했다고 해도 마지막 한 명이 "그건 지나친 칭찬입니다. 사실 그 정도는 아닙니다."라고 말해버리면 순간적으로 그때까지의 칭찬들이 '침식당해서' 날아가 버린다. 그러나 반대로 지금까지 계속 졸작이라는 비판만 있다가 마지막 한 명이 "정말 대단한 작품입니다."라고 칭찬을 한다고 해도 그때까지의 비판만큼 임팩트가 강하지 않다.

① 칭찬받던 것(사람)이 나중에 그렇지 않다고 비판받는 상황
② 비판받던 것(사람)이 나중에 훌륭한 것이라고 칭찬받는 상황

이 메커니즘을 살펴보면, ①의 경우 먼저 칭찬하던 사람들 입장에서는 부끄러운 상황이 된다. ②는 기본

적으로 결과가 긍정적이기 때문에 굳이 과거에 비판을 했던 이야기를 다시 문제 삼을 필요가 없다. 이에 비하여 ①의 경우는 그런 상황을 만든 '범인 찾기' 같은 일이 발생하기 쉽다. 즉, '칭찬'보다 '비판' 쪽이 선택지로서는 '안전한 쪽'이 되기 때문에 침식력이 크다.

이처럼 언뜻 대등하게 대립하고 있는 것처럼 보이는 두 가지 사상도 사실은 대등하지 않은 관계로 이루어져 있는 경우는 많이 있다. 이런 두 가지 사상을 주의 깊게 관찰하는 습관을 들이면 변화의 방향성을 읽을 수 있게 된다. 동시에, 필요 이상으로 '흐름을 거슬러' 쓸데없는 스트레스를 받을 일도 줄어들 것이다.

6
프랙털 구조는 어디에나 있다

사원이 5명인 회사의 사장과 사원이 1만 명인 회사의 사장, 어느 쪽이 더 힘들까? 한 사람을 행복하게 해주는 것과 70억 명을 행복하게 해주는 것, 어느 쪽이 힘들까? 평범하게 생각하면 누구나 "당연히 큰 회사의 사장 쪽이 힘들고 전 인류의 행복을 실현하는 것이 수억 배는 힘들다."라고 대답할 것이다.
정말 그럴까?

수학 세계에는 '프랙털(fractals) 도형 구조'라는 개념이 있다. 간단히 설명하면 프랙털 도형은 임의의 한 부분이 전체의 형태와 닮은 도형을 일컫는다. 세부 구조를 들여다보면 거기에 또 비슷한 복잡함이 존재하는 것

 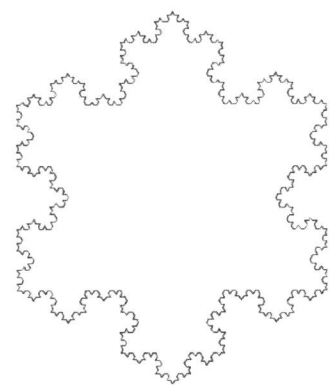

이다. 이 중 '자기유사성(self-similarity)', 즉 커다란 전체상을 보든 세부적인 모습을 보든 '똑같은 형태를 유지하는' 형태가 유명하다. 그 두 가지의 예를 그림으로 살펴보자.

왼쪽 그림의 경우 전체를 보면 정삼각형이다. 그런데 그것이 다시 한 변의 길이가 절반인 정삼각형이 되고 다시 그 절반, 또 절반… 이런 식으로 아무리 작은 영역을 들여다보아도 같은 모양이다. 오른쪽 그림도 마찬가지로 커다란 형상 일부분을 들여다봐도 역시 똑같은 모양으로 이어지는 구조를 갖추고 있다.

자연계에서 대표적인 프랙털 형상은 해안선이다. 지

도에 실려 있는 해안선은 어디까지나 '크게 묶은 것'이고, 세부적으로 살펴보면 각 바위가 돌출이 있으며 하나하나 복잡한 모양을 갖추고 있다는 점에서 비슷한 프랙털 성질을 갖추고 있다.

이제 앞에서의 문제로 돌아가 보자. 사원 5명인 회사와 1만 명인 회사는 당연히 거기에서 발생하는 문제의 양이 엄청나게 차이가 날 테고, 문제의 복잡성은 각 요소(사원이나 문제의 수)의 '곱셈'으로 증가하니까 평범하게 생각하면 사원 1만 명인 회사의 사장이 '비교가 되지 않을 정도'로 복잡하고 극심한 업무에 시달린다고 볼 수 있다.

하지만 큰 회사 사장 쪽이 유리한 조건도 많이 있다. 사원이 증가할수록 분업화가 진행되기 때문에 실제로는 사내의 일을 구석구석까지 모두 파악할 필요가 없고(물리적으로도 무리다.) 커다란 전체상을 이해하는 게 더 중요하다. 또 그 복잡한 일도 대부분은 부하 직원이 처리해 주니까 본인은 중요한 의사 결정에만 집중할 수 있다(그래야 한다.). 게다가 큰 회사라면 우수한 인재도 어렵지 않게 모을 수 있다.

회사 경영에 필요한 인재, 상품, 자금 모두에서 대기업은 압도적으로 혜택을 받으니까 중소기업처럼 단기간의 자금 확보를 위해 사장이 직접 동분서주할 일은 거의 없다. 출장을 갈 때의 이동 수단도 비행기는 퍼스트클래스를 이용하고, 기사가 운전하는 자동차로 출퇴근하고 이동하는 식으로 쾌적하고 효율적인 환경이 보증된다.

이런 상황을 생각해 보면 앞에서 소개한 프랙털과 문제의 질은 다르지만 소수 집단이든 다수 집단이든 그 '수고'와 '복잡함'은 마찬가지가 아닐까?

수가 많은 집단의 운영이 복잡하고 힘들다면 1만 명으로 이루어진 거대한 조직의 리더는 매우 힘들 것이다. 그렇다면 수가 몇 안 되는 그의 가족은 어떨까? 수가 적은 만큼 '평화롭고 더할 나위 없이 행복'할까? 반드시 그렇지는 않다. 물론 대기업의 리더는 매우 바쁘기 때문에 '몇 명의' 가족을 소홀히 대할 수밖에 없는 경우도 있을 것이다. 중요한 것은 인원의 많고 적음이 문제가 아니라는 점이다.

일반론으로서의 '우선순위'는 영향력이 크다고 여겨지는 다수 집단 쪽이 높지만 소수 집단 역시 다른 사람(다른 회사)의 시간이나 돈, 또는 인재의 우선순위를 확보하는 것이 어렵다는 점에서 다수의 집단보다 훨씬 더 '힘든' 측면을 가지고 있다.

우리는 무조건 큰 조직의 리더는 대단한 사람이라고 생각하거나 반대로 본인의 고민은 사사롭고 아무것도 아니라고 생각하기 쉽지만 견해를 바꾸면 '크기에 관계 없이' 복잡함이나 해결의 난이도는 같다고 생각할 수도 있다.
한 개인의 단순한 고민도 세계 평화를 실현하는 일 못지않을 정도로 어렵고 복잡할 수 있고, 세계 평화를 실현하는 것 역시 멀리서 보면 매우 단순한 문제일 수 있다. 이런 관점으로 세상의 상식과 다른 견해를 가져 보면 회사 생활이나 일상생활도 달리 보인다.

CHAPTER 3

사고력을 두 배로 키우는 발상 전환

"머리를 유연하게 만드는 데에 가장 큰 적은 지식이다."

여러분은 이 말을 어떻게 받아들이는가? 사람들 대다수는 유연한 발상으로 잇달아 아이디어를 내는 사람을 보고 상당히 박식할 것이라고 생각한다. 그것은 마치 '상식'처럼 굳어져 있는 듯하다. 하지만 이 '상식'은 절반은 맞고 절반은 틀렸다. 박식한 사람이 꼭 멋진 아이디어를 내는 건 아니다.

"젊은 사람과 나이 든 사람 중 어느 쪽이 머리가 유연할까요?"라고 묻는다면 대부분 젊은 사람 쪽이라고 대답한다. 실제로 그런 경우가 많다.

세상의 상식을 뒤엎을 정도로 참신한 발상을 하는 사

람은 그 방면의 전문가가 아니라 (다른 방면에서는 실적을 올렸을지도 모르지만) 해당 영역에서는 '초보자'나 '문외한'이라고 불리는 사람들인 경우가 많다. 즉, 언뜻 자산으로 여겨지는 '지식'이라는 것도 유연한 발상을 할 때는 오히려 마이너스 자산이 되어 발목을 잡을 수 있다.

이처럼 언뜻 플러스로 보이는 사상도 다른 관점에서 보면 마이너스로 바뀐다. '머리를 말랑하게' 만들기 위한 발상 전환의 착안점은 언뜻 긍정적으로 보이는 것을 모두 부정적으로 받아들이거나 굳이 그 반대로 시도해 보는 것이다.

장점은 반드시 단점이 되고 단점은 반드시 장점이 된다. 그렇게 생각하는 것만으로도 기발한 발상은 단순 계산으로도 두 배가량 증가한다. 특히 '단점을 장점으로 바꾸려면 어떻게 해야 할까?' 하고 생각해 보는 태도는 '머리의 유연성을 높이기' 위한 매우 적절한 사고 트레이닝이다.

이 장에서 그러한 예를 몇 가지 살펴보자.

1

자산은 언젠가 '부담'이 된다

자산가로 불리는 사람들이 있다. 돈이나 집, 그 밖의 금융자산이나 부동산 등을 풍부하게 가지고 있는 사람들이다. 누구나 부러워하는 풍부한 자산! 이것은 정말 '많을수록 좋은' 것일까?

간혹 이런 말을 들을 수 있다.

"자산이 많은 것도 즐거운 것만은 아니야."

주택 융자에 쫓겨 교육비나 가족의 레저, 그 밖의 '작은 즐거움'을 위해 악착같이 용돈을 절약하면서 살아가는 일반인의 입장에서는 "한 번만이라도 좋으니까 그런 말 좀 해봤으면 좋겠다."라고 말할 것이다. 하지만 돈이 많은 자산가에게도 고민은 있다.

안전한 나라에서는 그럴 걱정이 없을지 모르지만 나

라의 치안에 따라서는 그런 자산 때문에 목숨마저 위협을 당할 가능성이 있다. 그 위험은 본인뿐 아니라 가족에게도 미친다.

상속 다툼도 자산이 초래하는 가장 큰 폐해다. 이전까지 평화롭던 가족이 갑자기 나타난 친척의 유산을 두고 싸움을 하는 모습은 드라마에만 등장하는 이야기가 아니다.

자산의 범위를 금융자산이나 부동산 등의 유형자산뿐 아니라 지위나 명성 등의 형태가 없는 '무형자산'으로까지 폭을 넓혀 생각해 보자. "누구나 부러워하는 지위나 명성을 얻고 싶다."라는 것은 "돈을 벌고 싶다."와 함께 인간이 열심히 일하기 위한 커다란 동기 중 하나다.

하지만 이런 지위나 명성도 플러스 측면만 있는 것이 아니다. 기지가 풍부한 미국의 코미디언 프레드 앨런(Fred Allen)은 이런 말을 남겼다.

"유명인이란 사람들에게 알려지기 위해 평생 일을 하고 그 후에는 사람들이 알아볼 수 없도록 선글라스를 걸치는 사람들이다."

다양한 의미를 포함하고 있는 말이지만 '눈에 띄고 싶

자산이 많은 것도
반드시 좋은 것만은 아냐.

그래.

충분히 이해하네.

다'고 생각하여 열심히 일을 했는데 유명해진 이후에는 얄궂게도 '눈에 띄지 않도록' 살아가는 인생이라는 뜻이다.

이처럼 행동 범위가 좁고 선글라스를 걸치지 않고는 일상생활을 할 수 없다는 것은 극히 일부 슈퍼스타에게만 해당하는 말일지 모르지만 지위나 명성의 마이너스 측면은 새로운 것에의 도전 장벽이 높아진다는 것도 있다.

어떤 영역에서 나름대로 지위나 명성을 쌓게 되면 사람들이 기대하는 수준도 올라가 실패했을 때의 충격이 훨씬 커진다. 이것은 새로운 것에 도전할 때 상당한 마이너스로 작용한다.

지금까지 설명한 내용은 개인뿐 아니라 회사 같은 조직에도 적용된다. 회사에서 말하는 지위와 명성은 회사나 상품의 '브랜드'에 해당한다. 유명 브랜드는 좋든 싫든 많은 사람에게 이미지가 '확립'되어 있다. 이렇게 일단 확정되어 버리면 그 이미지를 부수고 새로운 일에 도전하는 것이 매우 어렵다는 공교로운 측면도 가지고 있다.

또 이런 유명한 회사에 입사하는 인재 역시 브랜드를

보고 입사하는 사람이 많기 때문에 도전 정신은 희박하고 회사 입장에서도 '현재 가치를 지킬 수 있는 인재'를 원하는 경우가 많다.
이 시점에서 경영자가 "도전할 줄 아는 인재를 원한다."라고 말해도 이미 늦다. 숱한 고생을 해서 손에 넣은 브랜드가 엄청난 무게로 짓눌러 오히려 마이너스 효과를 내고 있기 때문이다.

이처럼 힘들여 손에 넣은 자산이 어떤 시점부터 마이너스 효과를 가지기 시작하는 구도는 전문 지식 등의 '지식재산'에도 그대로 적용된다.
한 가지 영역의 전문가로 지위를 확립한 사람은 다른 영역에 도전하기가 어렵다. 또한 전문 영역에서 새로운 주장을 하는 경우에도 그때까지의 축적이 지나치게 크면 지금까지 쌓아온 것과 모순되는 말을 하거나 행동을 하기가 쉽지 않다. 어떤 의미에서는 지금까지의 '본인을 부정하는' 행동과 연결되기 때문이다.
그런 상황에서는 오히려 '아무런 자산도 없는' 초보자 쪽이 훨씬 더 가벼운 마음으로 도전할 수 있고 우수한 실적을 올릴 가능성도 높다. 이것이 지식 세계에서의 '자산의 딜레마'다. 이런 현상은 특히 변화가 심한 시대에 두드러진다. 금융자산이 주가나 환율에 따라 휴지 조각이 될 위험성이 있는 상황과 같다.

다시 말해서, 새로운 것에 도전하거나 새로운 지식을 낳는 장면에서는 전문가가 반드시 유리하다고 단정할 수 없다. '유연한 사고'를 할 때 '지식'이 '적'이 될 수도 있다는 사실을 명심해야 한다.

2
성공의 반대말은 실패인가

- '성공'의 반대말은 '실패'다.
- '찬성'의 반대말은 '반대'다.
- '좋다'의 반대말은 '싫다'이다.

이 말들은 초등학생도 알고 있는 '상식'처럼 보인다. 정말 그럴까? 이런 고정관념을 다른 관점에서 바라보면 새로운 발상이 탄생할 수 있다.

우선 "성공의 반대말은 실패다."라는 상식을 다른 견해로 들여다보자. 성공과 실패는 일반적으로는 어떤 결과의 '양극'이라고 생각할 수 있기 때문에 이것들이 서로 반대되는 말처럼 보인다. 직선 위 양극단에 성공과 실패가 있는 구도를 떠올려 보길 바란다.

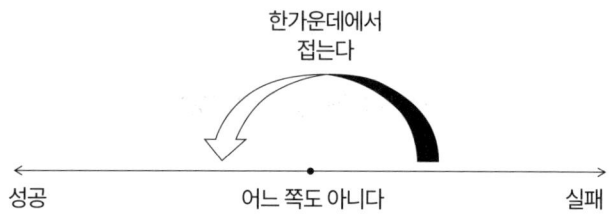

관점을 바꾸기 위해 이 직선을 한가운데를 축으로 해서 반으로 접어보자.

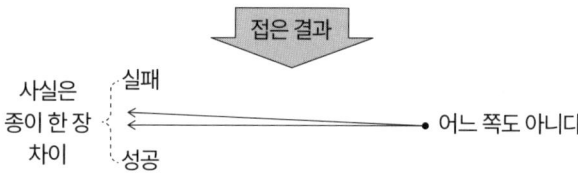

이렇게 하면 왼쪽 끝에는 '성공'과 '실패'가 나란히 놓이고 오른쪽 끝에는 그것들의 중간, 즉 '성공도 실패도 아닌' 상태가 놓인다. 이 상태에서 '성공도 실패도 아닌' 상태를 재검토해 보자.

어떤 일을 했을 때 그 결과가 잘되면 '성공'이라고 하고 그렇지 않으면 '실패'라고 표현한다. 하지만 설사 그것이 실패라 해도 무엇인가를 실행한 결과로 교훈을 얻을 수 있기 때문에 실행하기 전과는 상황이 확실히 달라진다. 그러나 아무것도 하지 않으면 '성공도

미남이든 추남이든
'개성'이라는 관점에서는
같은 그룹 안에 있어.

그래서 어쩌라고?

실패도 아닌' 상황이 계속 이어진다. 그렇게 생각하면 '성공도 실패도 아닌' 상황을 만들어내는 것은 '아무것도 하지 않는' 상태라는 사실을 깨달을 수 있다.

이제 절반으로 접은 직선의 양극에 또 다른 한 가지 사고방식의 축이 존재한다는 사실을 알 수 있다. 즉, '무엇인가 행동을 한다'와 '아무것도 하지 않는다'라는 양극이다.

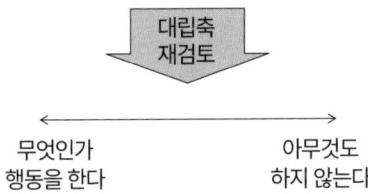

이 구도를 통해서 '성공'과 '실패'는 사실 종이 한 장 차이의 '동의어'이며 그것들의 반대말은 '아무것도 하지 않는 것'이라는 사실을 알 수 있다.

1990년대를 대표하는 이탈리아의 축구 선수 로베르토 바조(Roberto Baggio)는 "페널티킥을 실패할 수 있는 선수는 페널티킥을 찰 수 있는 용기가 있는 선수뿐이다."라는 말을 남겼다. 이 말을 '성공과 실패의 구도'로 보면 쉽게 이해할 수 있다.

적어도 페널티킥에서 실패하려면 경기장에 나가서 페널티킥을 찰 수 있는 자격을 얻어야 한다. 반대로 실패와 가장 먼 사람은 '관객석(혹은 TV 앞)에 앉아 경기를 관람하는 사람'이다.

양극과 중앙은 사실 대조적이며 양극으로 보이는 대상들은 비슷한 존재라고 여기는 사고방식은 북극, 적도, 남극의 관계성에도 적용할 수 있다. 양극으로 보이는 북극과 남극이 사실은 기후적으로도 비슷하며, 두 지역과 대치되는 지역은 오히려 적도라는 것이다.

마찬가지로 '찬성'과 '반대'는 '명확하게 자신의 의견을 가지고 있다'는 점에서 오히려 '동의어'가 되며, 그와 대치되는 것은 '어느 쪽도 아닌', 즉 자신의 명확한 의견이 없는 것이다.

무엇인가를 실행하려 할 때는 반드시 찬성하는 사람과 반대하는 사람이 있다. 반대파를 설득하는 것도 쉽지 않지만 명확한 의견을 가지고 있지 않은 사람을 설득하는 쪽이 더 힘든 경우도 있다. 반대하는 사람 쪽은 이해만 시키면 오히려 찬성하는 쪽으로 돌아설 수도 있다는 데에 비하여 '찬성도 반대도 아닌 사람'은 끝까지 무슨 생각인지 파악하는 것조차 어렵기 때문이다.

또 '좋다'와 '싫다'는 '대상에의 관심이 높다'는 점에서는 동의어이며, 이것들의 반대는 '무관심'이라고 볼 수 있다.

음식점이나 상점 등에서 고객의 불만이 발생하는 경우에 이것을 기회로 포착하는 사람이 있다. 불만을 제기하는 사람은 '감정이 올라가 정신적으로 흥분해 있는 상태'인 만큼 그 후에 대응을 잘못하면 '두 번 다시 오지 않는' 상황이 연출될 수 있지만, 그 순간을 놓치지 않고 서비스 등을 잘한다면 오히려 단골손님이 될 수 있기 때문이다.

이 사고방식을 응용하면 '새로운 아이디어를 창조적으로 만들어내는 사람'과 '불평을 늘어놓는 사람'도 사실은 종이 한 장 차이라는 사실을 알 수 있다. '절반으로 접은' 축의 양쪽 끝에는 '현재 상태에 만족하지 않는다'와 '현재 상태에 만족한다'는 말을 적용할 수 있다. 즉, '불평을 하는 사람'은 그 에너지를 긍정적으로 사용하면 아이디어를 내는 기획자나 개발자로 변신

할 가능성이 있다는 것이다.

조직은 대부분 참신한 아이디어나 창조성을 원한다고 말하면서 '불만투성이인 사람'을 배제하고 '협조성이 있는 사람'을 등용한다. 이것이 얼마나 모순된 것인지는 '절반으로 접은' 구도를 기준으로 살펴보면 쉽게 이해할 수 있다.

따라서 '양극단인가, 중용인가' 하는 구도를 실제로 마주하게 되면 이제는 여러분도 '절반으로 접은' 다른 견해로 볼 수 있길 바란다.

3

어느 쪽이 올바른가

- 규율이 중요하다 vs. 자유가 중요하다
- 일은 뭐든 해야 한다 vs. 일은 선택해서 해야 한다
- ○○는 몸에 좋다 vs. ○○는 몸에 나쁘다

세상에는 이런 상반된 메시지가 넘친다. 이래서는 어느 쪽을 선택해야 좋을지 알 수가 없다. 또 매스컴이나 인터넷상에서 '훌륭한 사람'으로 취급하던 연예인이나 경영자가 어느 날 갑자기 비난을 받는 경우도 드물지 않다.

세상을 항상 '좋은 것', '나쁜 것'이라는 양자택일만으로 바라보면 이런 메시지에 휘둘려 우왕좌왕할 수밖에 없다. 여기에서는 왜 이런 일이 발생하는 것인지

세 가지 요인으로 살펴보고, 어떻게 하면 적절한 판단을 내릴 수 있는지 한번 생각해 보자.

① 세상의 통설을 역행해서 눈에 띈다.
첫 번째는 세상의 통설을 '사실은 다르다'라고 부정하는 메시지 패턴이다. 단적인 예가 세상에서 '좋다'고 생각하는 것을 '사실 ○○는 건강에 나쁘다'라는 형태로 메시지를 발신하는 것인데, 건강이나 다이어트 분야에서 흔히 볼 수 있는 일이다.
아무리 건강에 좋은 것이라고 해도 그것만 계속 섭취하면 부정적인 결과 한두 가지는 나온다. 아무리 인격자라고 해도 털어서 먼지가 전혀 나지 않는 사람은 없다. 그것을 간파해서 '사실은 나쁜 사람이었다'고 말하면 SNS나 투고 게시판에 올릴 좋은 재료가 되니 '확산'되는 것도 쉽다.

② 감정은 양극단으로 달리기 쉽다.
두 번째 요인은 인간의 감정이라는 측면에서 살펴보자. 감정은 '좋은가, 싫은가'라는 양극단으로 흘러가기 쉽다. 평판이 매우 좋았던 사람도 어떤 계기로 그 평판이 급락하기도 한다. '제 눈에 안경'이 '중이 미우면

베스트셀러
《믿음이 수명을 늘린다》
저자의 최신간!

《의심할 줄 알아야 살아남는다》
절찬 발매 중!

가사까지 밉다'로 바뀌는 것처럼, 양극단으로 치닫는 감정은 주의해야 한다.

③ '~인 경우에는'이 빠져 있다.
위의 ①②에 공통되는 요소는 전체를 보지 않고 어느 부분만을 포착해서 판단해 버린다는 것이다. 즉, 어떤 메시지가 됐든 모든 경우에 적용되는 것이 아니라 특정 상황이나 성격 등에 따라 적용되기도 하고 적용되지 않기도 하는데, 그런 상황 설명이 빠져 있다는 것이다. 이것은 주장하는 사람이 충분히 그것을 의식하고 있으면서 무의식적으로 그 '전제 조건'을 말하지 않는 경우와, 주장하는 사람 자신도 그것을 깨닫지 못하는 경우가 있다.

③의 요인을 바탕으로 '이런 상황에는 어떻게 대처해야 하는가?' 하는 결론을 이끌어낼 수 있다. 사건이나 사물은 일방적으로 좋다거나 나쁘다고 단정 짓기는 어렵다. 견해에 따라서는 장점이 단점이 되거나 단점이 장점이 될 수 있다. 즉, '독도 될 수 있고 약도 될 수 있는' 것이다. 중요한 것은 '그것은 독인가, 약인가?' 하는 것이 아니라 '어떤 경우에 독이 되고 어떤 경우

에 약이 되는가?' 하는 것과 지금 판단해야 할 상황은 어떤 경우에 해당하는지를 간파하는 것이다. 다시 말해서, '어떤 경우에 올바르다고 말할 수 있는가?', '지금 어떤 경향에 있는 사람에게 해당하는가?' 하는 전제 조건을 세트로 읽어내야 한다.

예를 들어 '그 일을 선택해야 하는가, 거부해야 하는가?'라는 논의를 할 때는 '그 방면의 초보자에 해당하는가, 베테랑에 해당하는가?'라는 식의 전제가 있어야 하고, '자유는 중요한가, 중요하지 않은가?'라는 논의에는 '평균 이하를 끌어올리기 위해서인가, 돌출된 개성을 드러내기 위해서인가?'라는 식의 전제가 있어야 판단하기 쉽다.

이 전제 조건 없이 논의가 이루어지기 때문에 양쪽 모두 자기주장만 하는 상황으로 번지는 경우가 적지 않다. '어떤 사람이 되고 싶은가?'라거나 '어떤 조직으로 만들고 싶은가?' 등이 정해지면 자연스럽게 해답이 나올 텐데, 그 전제 조건을 갖추지 않고 논의하기 때문에 영원히 해답이 나오지 않는다. 달리 표현하면 개인이나 조직의 기본 방침과 철학이 그 전제 조건의 어느 쪽을 선택하는가를 결정하는 기준이 된다.

특히 연장자나 베테랑의 조언은 '성공하면 허물이 없다'는 말처럼 자신이 어떤 길을 걸어서 여기까지 도달했는가 하는 전제 조건이 빠져 있기 때문에 무조건 그 조언을 받아들여서도 안 되고 그렇다고 전적으로 부정해서도 안 된다. 따라서 자신의 현재 상황과 비교해 보고 어떤 부분에 적용할 수 있고 어떤 부분에 적용할 수 없는지를 구분해야 한다.

여기에서 중요한 것은 '그 사람은 부자라서 나와는 다르다'는 표면적 '차이'를 보는 것이 아니라 '출신은 다르지만 인간관계를 형성하는 방법은 참고할 수 있다'는 식으로 적용하고 받아들일 수 있는 공통 요인을 간파하는 것이다.

또 감정적으로 '좋아하는 사람이 하는 말은 모두 옳고 싫어하는 사람이 하는 말은 모두 틀렸다'는 섣부른 판단을 내릴 가능성이 높은 경우에도 냉정하고 객관적인 판단을 할 수 있도록 노력해야 한다.

'나누어 생각하는' 것은 전체를 냉정하게 볼 수 있기 때문에 가능한 행위다. '이것밖에 없다!'는 식으로 어떤 한 가지 의견에 집중하지 말고 '어떤 경우에 옳은가?'를 생각하는 습관을 갖추는 것이 머리를 유연하게 만드는 비결이다.

4
상식은 비상식, 비상식은 상식이 된다

"그런 건 상식이야."
"그 사람은 비상식적이야."

우리는 평소에 '상식', '비상식'이라는 말을 자주 사용한다. 여기에서는 이 말의 사용 방법과 '말랑말랑한 머리를 만드는 방법'을 연관 지어 생각해 보자.
'상식'이란 무엇일까? '일반적인 사회인이 공유하고 있는 당연한 지식이나 규칙'이라는 정의가 위화감 없이 받아들일 수 있는 해석일 것이다. 예를 들면 공공장소에서의 매너나 회사나 조직에서의 서열, 매장 선반에 상품을 진열하는 순서 등이다.

하지만 이 '상식에 관한 상식', 정말 그럴까?

폐쇄적인 세계나 업계 등에서 흔히 하는 말로 'OO의 상식은 세상의 비상식'이라는 말이 있다. 예를 들어, "동양의 상식은…"이라는 식이다. 또 이 상식은 시대나 세대라는 시간 축에 의해서도 바뀔 수 있다. '물과 안전은 공짜다', '은행은 망하지 않는다' 같은 과거의 '상식'은 지금 완전히 무너졌다.

다시 말해서, '언제 어디서나, 누구에게나 당연히 통용된다'는 상식은 시간(time)과 장소(place)와 상황(occasion)이라는 이른바 TPO에 의해 자유자재로 변한다. 그렇게 생각하면 상식은 사실 전혀 상식이 아닌 것이 된다.

그러면 우리는 '상식'이라는 말을 어떤 경우에 사용하고 있을까? 가만히 생각해 보면 맨 앞에서 소개한 두 가지 말은 '자신의 상식'과 '타인의 상식' 사이에 차이가 있는 경우에 사용된다는 사실을 알 수 있다.(125쪽 그림 참조)

여기에서 알 수 있는 것은 우리가 '상식'이라는 말을 앞에서처럼 사용할 때에는 암암리에 당연하다고 생각하고 있는 본인의 가치관을 마치 세상의 정의인 것처럼 정당화하고 싶은 경우에 사용한다는 것이다.
'상식'이라는 말만큼 독선적으로 사용되는 이상한 말은 없다. 그런데도 우리는 이 말을 툭하면 '사실은 상식이 아니다'라는 식으로 사용하는 나쁜 버릇이 있다. 이것은 유연한 사고를 방해하는 전형적인 증상이다. 이런 확신을 배제하고 유연한 발상을 할 순 없을까?
첫째는 '상식을 의심하라'는 말이다. 상식의 특징은 그

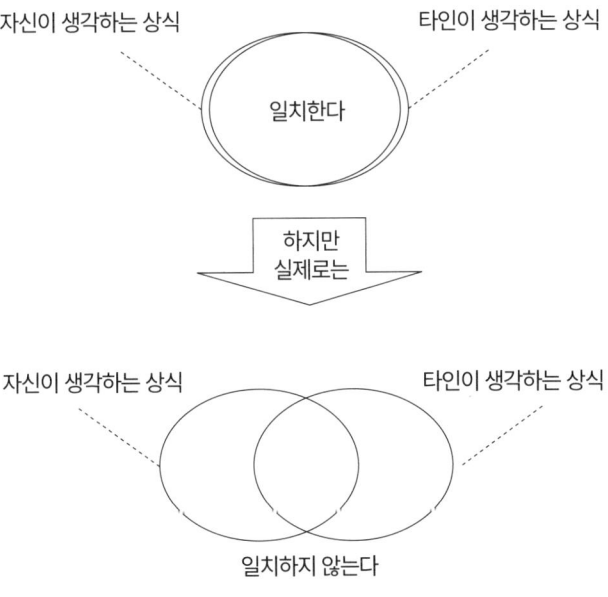

상식에 관한 실태

것이 세상에 유포되고 있을 때는 아무도 의심하지 않고, 의심한 사람은 '머리가 이상한 사람'으로 취급당한다. 하지만 막상 그 상식이 반대로 뒤집혀 어느 정도 시간이 지나면 마치 예전부터 그 뒤집힌 내용이 상식이었던 것처럼 받아들여진다. 그리고 "그때 그 상식은 뒤집히는 것이 당연했다."는 식으로 그럴듯한 이유까지 달라붙는다.

중요한 점은 '상식을 의심할 수 있는 시점'에서 "그런 일은 있을 수 없다."고 반발하는 대다수의 반론을 얼마나 담담하게 밀어낼 수 있는가 하는 것이다.

지금은 일본에서 '유료로 사용하는 물'의 연간 시장 규모가 2,500억 엔(약 2조 5340억 원)에 이르지만 만약 30년 전에 '물을 유료로 사용할 것'이라는 말을 했다면 이상한 사람 취급을 당했을 것이다. 또 서점에서 직접 눈으로 보고 구입하는 도서 구입 방법도 누군가는 '통신판매를 통한 구입이 주류를 이룰 것'이라고 예상했을 것이다.

이럴진대, 하물며 사용하는 언어나 매너, 패션 등 시대와 함께 변하는 것이 당연한 대상들을 한 시대만으로 동결시켜 '상식'이라는 이름으로 표현하는 것이 얼마나 위험한지는 미루어 짐작할 수 있다. 그리고 앞에서도 설명했듯 '상식'이라는 말이 의견이나 가치관이 다를 때에 사용되는 경우, 대부분은 진정한 의미에서의 '상식'이 아니기 때문에 우선 그것이 사실인지 확인해 보아야 한다.

단, 사실인지 확인하려 해도 그런 말을 하는 사람은 여전히 "당연하지, 상식이잖아."라며 사고가 정지된 상태를 끝까지 무너뜨리지 않을 것이다.
그래서 한 단계 더 나아가 사용할 수 있는 말이 '왜?', '어째서?'다. 그런 질문을 던져도 일부 사람들은 "아, 상식이니까!"라거나 "예전부터 그랬으니까!"라고 답변하며 끝까지 고집을 부릴 것이다. 그렇다면 상대방과 함께 정말 맞는 것인지 진지하게 생각해 보자.
그렇게 하면 "그 시대에는 이런 배경이 있었지만 지금은 없다."라거나, "그 지방에는 이런 관습이 있지만 이곳은 아니다."라거나, "그 직업은 과거에 이런 기술이 필요했지만 지금은 필요하지 않다."라는, 그것이 상식으로 여겨지게 된 진정한 의미에서의 '이유'나 '목적'이 나올 것이다. 그리고 그 시점에서 시간, 장소, 개인의 변화 등에 의해 지금까지의 상식을 적용할 수 없는 상황이 펼쳐져 있다는 사실을 깨닫게 되면 그 상식은 완전히 잊어버려야 한다. 그것이 머리를 말랑하게 만들기 위한 필수 조건이다.

'굳어 있는 머리'와 '말랑한 머리'의 갈림길은 상식을 '절대적인 목적'이라고 생각하는가, '단순한 수단'이라고 생각하는가에 달려 있다.

5
선 긋기의 유익과 위험

격차, 영토 분쟁, 조직의 파벌주의 같은 문제들이 발생하는 공통된 원인은 무엇일까? 바로 '선 긋기'다. 선거구를 비롯하여 국가나 조직의 성립은 본래 연속되어 있는 것에 무리해서 '편의상의' 선을 긋기 때문이다.

비슷한 현상으로 가장 이해하기 쉬운 것은 '날짜변경선'이다. 실제로 비행기 창문을 통해 내다본다고 해서 날짜변경선이 보이는 것이 아니다. 또 이것은 현재의 '동경(서경) 180도'에 절대적인 이유나 의미가 있는 것이 아니라 어딘가에 선을 긋지 않으면 알 수 없다는 이유에서 사람의 머릿속으로 편의상 그어놓은 선일 뿐이다.

그렇다면 인간은 왜 머릿속으로 이런 선 긋기를 할까? 사람들이 공통의 규칙을 바탕으로 함께 생활하려면 필수적으로 주변의 것들을 인식하고 식별해서 말로 표현할 수 있어야 하기 때문이다.

우리는 주변의 사물들을 이해하기 위해 별생각 없이 '나누는' 행위를 한다. '안전'과 '위험'이라는 말을 생각해 보자. 어떤 '임계치' 이상으로 사람에게 위해가 가해질 가능성이 있는 상태를 '위험하다'고 표현하는데, 이것은 위험이라는 표지가 붙어 있는 것이 아니라 어떤 경계에서 '선을 긋고' 그 선을 넘으면 '위험'하고, 선을 넘지 않으면 '안전'하다는 말로 표현하는 것이다.

다양한 '분류'도 마찬가지다. '동물'이나 '식물', 또는 '어류'나 '파충류' 등의 분류도 공통의 특징을 가지고 있는가, 그렇지 않은가를 기준으로 선 긋기를 하고 그것들을 '다른 것'으로 구분하는 것이다.

이렇게 선 긋기를 하는 방식으로 인간은 지금까지 막대한 사상을 정리하여 적절하게 사회생활을 해왔다. 그러나 이 '선 긋기'라는 행위는 양날의 검이라서 다양한 문제를 일으키기도 한다.

교통 규칙을 예로 들어보자. 고속도로의 제한속도는 대부분 '시속 100킬로미터'로 '선을 긋고' 위험을 회피하기 위한 규칙을 설정한다. 하지만 실제의 위험성은 그렇게 '숫자로' 정해져 있는 것이 아니다. 시속 120킬로미터로 달려도 위험하지 않은 구간이 있고, 시속 80킬로미터로 달려도 위험한 구간이 있다. 그것들을 일률적으로 '시속 100킬로미터'로 정해놓은 탓에 사고나 그 밖의 폐해가 발생할 수도 있다.

모든 문제는 임계치를 정하는 상황에서 대부분 발생한다. 연금을 지급하기 위한 임계치, 피난 구역을 설정하기 위한 위험 수준의 임계치… 본래는 연속적으로 변화하고 있는 것인데 억지로 선 긋기를 하는 데에서 문제나 혼란이 발생한다.

사상 하나하나에는 원래 선이 그어져 있지 않으며 시시각각으로 변한다. 하지만 사람의 머릿속에서 한 번 그어진 선은 고정적이기 때문에 반드시 거기에 차이가 발생하여 문제가 발생한다.

'조직의 벽'이라는 것도 조직을 관리하기 위해 편의상 만든 것에 지나지 않는다. 담당 고객을 중심으로 '업계'를 나누어도 비즈니스 환경의 변화 때문에 업계의 '경계선'에 해당하여 구분이 애매해지는 것도 많이 있다. 전기자동차의 부품은 '자동차 업계'에서 다루어야 할까, 아니면 '전기 업계'에서 다루어야 할까? 스마트폰은 '휴대전화 업계'의 제품일까, 아니면 'PC 업계'의 제품일까? 일단 조직을 정해버리면 "이것은 ○○업계 담당이다."라는 식으로 상식처럼 생각하지만, 사실은 편의상 선을 그은 것일 뿐이기 때문에 현실적으로는 '본말이 전도된' 현상을 보이기도 한다.

이상의 내용을 정리하면 지적 능력의 기본이라고도 말할 수 있는 '선 긋기'라는 행위가 정말 다양한 문제의 원인이 될 수도 있다는 사실을 알 수 있다.
여기에 유연한 사고를 하기 위해 명심해야 할 사항이 감추어져 있다. '머리가 굳어 있는 사람'과 '머리가 말랑말랑한 사람'의 결정적 차이는 이런 주변의 '선'을 '바뀌지 않는 절대적인 것'으로 생각하는가, '필요하다면 바꿀 수 있는 편의상의 수단'으로 생각하는가에 달려 있다. 선을 반드시 지켜야 할 최종 목적이라고 생각하는가, 단순한 수단으로 생각하는가의 차이라고도 말할 수 있다.
말랑말랑하게 생각한다는 것은, 주변의 문제를 보았을 때 '선' 자체가 잘못된 것은 아닌지 의심해 보거나,

어차피 '선'은 편의상의 수단이니까 거기에서 문제가 발생하는 것은 당연하다고 생각한 상태에서 원인을 찾아내려 하는 것이다. 그런 관점으로 세상을 바라보면 선을 긋는 새로운 방법을 발견할 수 있다. 아니, 그 이전에 선이 꼭 필요한 것인지 생각해 볼 수 있는 말랑말랑한 머리를 가질 수 있다.

6

아이디어가 부족한 사람이 숫자를 의지한다

우리 주변에는 숫자가 넘쳐난다. 사물의 크기나 가격, 회사의 연봉이나 매상, 게임 랭킹이나 시험 성적 등은 모두 '숫자'로 표현된다. 또 숫자를 좋아하는 사람도 있고 싫어하는 사람도 있다. 여기에서는 숫자와 유연한 머리의 관계에 관하여 생각해 보겠다.

숫자에 강한 사람은 왠지 모르게 두뇌가 명석하고 유연할 것 같은 인상이 있는데, 과연 정말 그럴까? 아니, 그전에 숫자는 어떤 상황에 이용되는지부터 생각해 보자.

앞에서 설명했듯 숫자가 사용되는 공통적인 상황은 '사람들이 같은 기준으로 객관적 비교를 하고 표현할 필요가 있는' 상황이다.

여기에서 주목할 포인트는 '같은 기준으로'이다. 즉, 숫자는 다양한 사람들이 '공통으로' 판단할 수 있는 것이어야 한다. 일부가 아니라 전원이 이해할 수 있어야 하는, 즉 모든 사람이 관련된 '최대공약수', 공통 부분이 숫자다. 바꾸어 말하면 '누구나 이해할 수 있는 범주'는 숫자로 표현할 수 있지만 각 개인만 표현할 수 있는 것, 예를 들어 감정이나 이미지는 숫자로 표현할 수 없다. 즉, 예술가의 작품은 대부분 숫자로는 표현할 수 없다.

새로운 아이디어를 내거나 일상 업무에서 연구를 할 때도 숫자는 마치 당연한 옵션처럼 반드시 등장하지만 앞에서 설명한 대로 '최대공약수'로 모든 사람이 이해할 수 있어야 하기 때문에 아이디어로서는 참신한 것이 아니라 진부한 것이 될 가능성이 높다.
예를 들어 아무런 연구를 하지 않는 영업자가 고객에게 제시하는 매력적인 옵션은 '가격'밖에 없다. '가격 경쟁에서 졌다'는 식의 변명을 하는 영업 사원은 실패의 원인이 '자신의 연구 부족'이라는 사실을 깨닫지 못하는 경우가 많다.
물론 고객이 제품이나 서비스를 구입하도록 하기 위

해 가격은 중요한 요소다. 하지만 그 밖에도 상품의 가치를 어필하고 그것을 고객의 관점에서 '어떻게 사용하면 이익이 될까?' 하는 식으로 상상력을 활용하게 하여 부가가치를 어필하는 것도 중요하다. 그렇게 하려면 단순히 숫자를 올리고 내리는 것보다 훨씬 더 머리를 말랑말랑하게 활용해야 한다.

마찬가지로 경영자나 관련 부서의 담당자가 우수한 인재를 채용하거나 종업원의 의욕을 향상시키기 위해 조직이 취할 수 있는 옵션을 생각하는 경우에도 숫자를 적용할 수 있다. 연봉을 인상하거나 수당을 늘리는 등 금전이라는 '수치상의 시책'은 사실 '머리를 가장 사용하지 않는' 시책이다.

개인이나 비즈니스 관계에서 누군가에게 선물을 하거나 식사 초대를 할 때도 마찬가지다. '무조건 금액이 비싼 것'이나 '값비싼 음식점'을 선택하는 것은 '아이디어가 전혀 없는 사람'이 취할 수 있는 선택지다. 그리고 이런 경우의 문제점은 '가격에 이끌려 구입하는 고객'이나 '높은 연봉에만 이끌려 입사하는 사원', '값비싼 물건에 현혹되는 사람'이라는 식의 '좁은 기준으로 생각하는 사람'을 불러 모은다. 이런 '숫자의 함정'에 빠지면 사고 정지 상태에서 절대 빠져나올 수 없다.

새로운 아이디어를 내거나 문제 개선을 위한 '두뇌 활용 방법'에는 크게 두 가지 방향성이 있다.
첫 번째는 숫자를 이용해서 정해진 기준을 올리고 내리는 것인데, 이것은 아무런 연구도 없는, 누구나 생각할 수 있는 진부한 발상이다. 물론 반드시 숫자를 이용해야 하는 상황도 있다. 질서를 지키기 위해 관리를 하거나 모든 사람을 공평하게 평가하는 경우에는 누구나 같은 상황에서 경쟁을 할 수 있는 '객관적인 숫자'를 기준으로 삼아야 한다. 이것은 오히려 (일률적인 규칙을 골고루 적용하는 것이 중요하다는 점에서) '머리가 굳어 있는 사람'에게 더 잘 어울리는 일이다.

두 번째는 다른 것과 비교할 수 없는 '새로운 기준(평가지표)'을 발견해서 정의하는 것이다. 예를 들어 어떤 새로운 상품을 개발하는 경우라고 하자. 지금까지는 'OO속도'나 '△△용량'이라는 기준상에의 우열만으로 승부를 가렸는데, 이제는 '사용의 편리함'이나 '디자인' 같은 종전과는 다른 '기준'으로 승부를 걸 수도 있다. '객관성을 확보하기 어려운 것'이나 '정량화하기 어려운 것'에 대하여 발상을 부풀리는 것이 '머리를 유연하게 사용하는 방법'이 될 수 있다.

지금까지 설명했듯 숫자는 아이디어가 부족한 사람이 의지할 대상이라는 점을 명심하자. 무조건 숫자에 의지하기보다 새로운 '숫자 기준'이 무엇인지 생각하는 것이 유연한 두뇌로 창조적인 아이디어를 낳는 비결이다.

7
자유여행과 패키지여행, 어느 쪽이 좋을까

이번 주제는 '자유 선택 메뉴'와 '세트 메뉴'에 관해서다. 가장 이해하기 쉬운 예는 음식점에서의 단품 메뉴와 코스 메뉴의 차이다. 음식점에서 주문을 할 때는 하나하나 좋아하는 것을 주문하는 경우와 음식점에서 이미 조합을 해놓아서 정해놓은 코스를 주문하는 경우의 두 가지 방향성이 있다.
이 두 가지 패턴을 '자유 메뉴'과 '세트 메뉴'로 일반화해서 각 특징을 비교 및 정리할 수 있다.

우선 이 두 가지 패턴에서는 각각의 옵션을 선택하는 주체가 다르다는 대전제가 있다. 자유 메뉴는 본인이 모든 것을 선택한다는 것에 비하여 세트 메뉴에서는

	자유 메뉴	세트 메뉴
결정 주체	본인	타인
선택의 자유도	높다	낮다
선택 대상	아는 것만 선택	모르는 것도 포함
불필요한 것	거의 없음	있을 수 있음
예상에서 벗어남	거의 없음	가능성 있음
예상 밖의 만족	없음	있을 수 있음
필연 / 우연	필연	우연
새로운 발견의 유무	없음	있을 수 있음

(대부분의 경우 그 방면의 전문가인) 타인이 미리 조합해서 설정을 한다. 당연히 선택의 자유도는 본인이 선택하는 쪽이 높다.

다른 측면으로, 자유 메뉴에서는 선택 대상이 본인이 이미 알고 있는 범위 안에 존재하는 것이라는 데에 비하여 세트 메뉴에서는 본인이 모르는 것이 포함되어 있을 가능성이 높다. 즉, 자유 메뉴에서는 좋든 싫든 기대한 그대로의 메뉴가 나오기 때문에 예상과 크게 다를 게 없는 대신, '예상 밖의 만족'이나 '새로운 발견'은 기대할 수 없다. 반대로 세트 메뉴에서는 어쩌면 '예상 밖의 만족'이나 '새로운 발견'도 있다.

'예상 밖'이라는 말을 사용했는데, 자유 메뉴를 선택한 결과 발생하는 것들은 거의 필연적인 데 반하여 세트 메뉴에서는 (어디까지나 당사자의 입장에서) 우연성에 맡긴다는 측면도 있다.

이런 구도는 음식 주문 이외에도 다양하게 응용할 수 있다. 대표적인 것이 자유여행과 패키지여행의 차이다. 일반적으로는 여행 초보자나 그 지역을 처음 방문하는 사람에게는 패키지여행이 적합하고, 여행에 익숙한 사람이나 그 지역을 잘 알고 있는 사람에게는 자유여행이 적합하다고 생각한다.

대개는 자유여행이 자유도가 높고 새로운 발견을 할 가능성이 높다고 알려졌지만 앞에서의 비교를 보고 생각해 보면 꼭 그렇지만도 않다. 목적지를 자유롭게 선택하는 것 같지만 그것은 '자신이 생각하는 범위 안에서'라는 제약 조건에서의 선택이다.
그렇게 생각하면 자유여행이라는 것도 본인의 시야를 확대한다는 점에서는 자기도 모르는 사이에 '이미 질려 있을' 가능성이 있다. 정말 새로운 발견을 하고 싶다면 가끔은 패키지여행을 선택해 보는 쪽이 더 재

우연한 만남
경험해 보지 않을래?

이건 맞선 본 여성 사진!

미있을 수 있다.

음악을 생각해 보면 CD 시대의 '패키지 타입' 구매 방법과 다운로드 시대의 개별 구매(혹은 스트리밍 재생 목록) 관계도 비슷한 구도다. CD 시대에 비하여 다운로드는 '듣고 싶은 곡만 선택했다'는 장점은 있지만 '들어보니 뜻밖으로 좋은 곡이었어.'라고 생각할 수 있는 '(앨범 속에 포함된) 특별한 곡'을 만날 가능성은 현저하게 낮아졌다.

인터넷상에서 도서를 선택하는 것과 오프라인 서점에서 도서를 선택하는 것의 차이를 생각해도 '본인이 좋아하는, 또는 알고 있는 범위'로 한정되는가, 아니면 '우연한 발견'으로 세상을 보는 눈을 확장할 수 있는가 하는 점에서 비슷하다.

"좋아하는 것만 선택해서는 성장이나 새로운 발견은 없다."라는 말은 여기에서 소개한 어떤 상황에도 적용할 수 있지 않을까?

공부나 기술 습득도 마찬가지다. 인터넷 시대로 바뀌면서 지금까지 '어쩔 수 없이' 세트를 구매할 수밖에 없었던 것을 개별적으로 구매할 수 있는 상황이 증가했으니 '패키지 판매'의 장점을 살펴보는 것도 나쁘지 않다. 여러분도 복수의 대상에서 선택하는 상황에 처한다면, 여기에서 말한 '두 가지 패턴'을 기억하고 장점과 단점을 생각하면서 선택하길 바란다.

8
크게 묶는 것보다 소분화가 낫다

얼마 전까지는 당연했던 음악 CD는 이미 '과거의 유물'이 되어가고 있다. CD가 음원 파일 다운로드나 스트리밍 방식으로 바뀌면서 다양한 것들이 변했다. 듣고 싶을 때는 24시간 언제든지 입수가 가능해졌다는 것과 검색이나 편집이 간단해졌다는 것 등, 음원 파일화에 의한 장점이나 변화는 매우 다양한데, 가장 큰 변화 중 하나가 '개별 구매'가 간단해졌다는 점이다.
본래 구매하는 쪽의 욕구는 '묶음'이 아니다. 개인이나 상황에 따라 다르다. 그런데도 세트로 판매하거나 묶음으로 판매하는 것들은 꽤 많이 있다. 식자재도 혼자 사는 사람이 일반적인 한 끼 분량의 식자재를 구매하면 많은 양이 남는다. 그래서 한 번 요리를 하면 '어쩔

수 없이' 몇 번이나 같은 음식을 먹어야 하는 상황에 빠진다.

이처럼 본래는 나뉘어 있는 것이 편리한데 세트로 판매하는 이유는 이렇게 판매하는 쪽이 '편하기' 때문이다. 여기에서 말하는 '편하다'는 것은 주로 제공자(판매자) 쪽의 논리다. 포장을 하거나 출하를 하거나 진열을 하거나 재고나 매상의 수적인 관리를 하는 수고가 압도적으로 줄어든다는 관점 때문이다.

물론 소비자(구매자) 쪽도 지나치게 작게 나누면 불편한 경우도 있다. 여행용 상품처럼 상품에 따라서는 특별히 개별적으로 나누어 판매하는 경우도 있지만 이 경우에는 대부분 가격이 매우 비싸다.

흥미로운 것은 판매자 쪽도 익숙해지면 대부분 '이 상품의 구매 단위는 이 정도다'라는 '시세를 관측하는 눈'이 형성되어 판매 방식에 전혀 의문을 가지지 않는다. 예를 들면 식빵을 살 때는 '봉투'로 구매한다는 식이다.

하지만 앞에서 소개한 음원 판매처럼 그 구도가 무너지는 영역이 나오고 있다. 가장 큰 요인은 정보통신 기술의 비약적인 발전이다. 앞에서 설명한 대로 본래 구매자 쪽의 욕구보다 판매자 쪽의 사정에 의해 '묶음판매'되던 것이 정보통신 기술에 의해 관리 작업이 극적으로 편해지면서 해소되었기 때문이다.

정보통신 기술의 활용에 의한 '소분화'가 진행되고 있다는 사실을 쉽게 이해할 수 있는 예로 인터넷에서 예약을 할 수 있는 티켓 종류를 들 수 있다. 비행기 좌석 예약도 인터넷 이전까지는 '이코노미 클래스'나 '비즈니스 클래스'라는 식으로 클래스별 예약, 또는 기껏해야 거기에 '통로 쪽', '창문 쪽' 정도의 지정밖에 할 수 없었지만 최근 인터넷 예약에서는 좌석을 개별적으로 예약할 수 있다. 콘서트나 영화, 또는 스포츠 관람 티켓에도 같은 현상이 발생하고 있다. 이처럼 '개별적으로 예약을 할 수 있게 된' 현상은 호텔이나 음식점 좌석 예약으로도 확대될 것이다.

티켓 예약을 예로 들었는데, '소분화'는 이런 '공간적'인 분할에 더하여 '시간적'인 분할로도 확대되고 있다. 즉, 날짜나 시간에 따라 시시각각으로 가격이 바뀐다는 것도 또 다른 소분화의 진전이다. 앞에서 소개한 좌석 예약 소분화에는 좌석이나 예약 시간에 따라 개별적으로 가격을 설정하는 유연성을 발휘할 수 있다는 장점이 있다.

그렇게 생각할 때 지금은 저녁 마감 시간이 되면 식품을 할인해서 판매하는 '타임세일'도 미래에는 더욱 소분화될 수 있다. 나아가 소분화의 대상을 금전으로 확대해 보면 신흥국에서 널리 퍼진 소규모 대출이나 소규모 주식 거래 같은 사례도 있다.

이처럼 '이 상품은 이 단위로 판매하고 있다'는 상식을 의심해 보고 '필요한 만큼 최소한의 단위로 취급한다'는 발상으로 주변의 사물들을 바라본다면 거기에서 또 새로운 아이디어가 떠오를 것이다. 편하게 살고 싶다는 사람의 욕구는 끝이 없다. 정보기술 통신의 진전이라는 기술 변화가 앞으로 우리의 생활을 얼마나 많이 바꾸어 놓을지 궁금하다.

9
큰 묶음과 작은 묶음을 적절히 활용한다

앞에서는 음원 판매를 비롯하여 다양한 것이 소분화되어 가고 있는 흐름에 관하여 설명했다. 원래는 소분하는 쪽이 좋았는데 제작자나 판매자 쪽의 사정 등에 의해 묶음으로 판매되는 것은 그 제약 조건(제작비나 인건비, 할인 등)이 제거되면 자연스럽게 소분화 쪽으로 바뀐다. 이런 흐름은 기본적으로 '묶음 → 소분화'가 진행된다는 것을 전제로 삼은 것이다.

하지만 '어쩔 수 없이' 묶음으로 판매하는 것이 아니라 마음만 먹으면 얼마든지 소분화할 수 있는데 나름대로 장점이 있기 때문에 굳이 묶음 상태인 채로 판매하는 방식을 기준으로 삼고 상황에 따라 소분화하기도 하는, 양쪽을 모두 활용하는 예도 많이 있다.

이해하기 쉬운 것은 물건을 수납하기 위한 용기다. 책장이나 옷장 또는 책상의 서랍 등은 같은 크기라도 '서랍의 수'가 다양해서 '묶음'과 '소분화'를 모두 활용하고 있다. 수납을 좀 더 확대해 보면 가방, 지갑, 도시락도 비슷한 구도를 이룬다. 작은 주머니나 칸막이가 많은 것들도 있고 칸막이를 최소한으로 줄여 큰 공간을 확보하는 것도 있어서 용도에 따라 구분할 수 있다.

그 밖에도 '공간'으로 확대해서 보면 호텔 연회장이나 회의실 칸막이 같은 벽을 설치하는 방법도 커다란 공간을 중심으로 구성하는 경우가 있고 작은 공간들을 중심으로 구성하는 경우가 있다.

이 사고방식을 더욱 연장시키면 인터넷이나 PC 등의 폴더도 마찬가지다. 파일을 모아 두는 폴더도 제목을 붙여 작은 공간으로 나누어 관리하는 방법이 있고 '업무 관련', '사생활 관련' 정도의 큰 폴더로 포괄적으로 관리하는 방법도 있다. 시계열을 따라 관리하는 방법도 있다.

여기에서 떠오르는 것이 2장에서 설명한 물리 세계와 정신 세계의 유사성이다. 인간은 이 '나누는' 행위를 지금까지 설명한 물리적 세계뿐 아니라 다양한 개념 세계나 직접 눈에 보이지 않는 '구조' 등에도 응용하고 있다.

예로 들 수 있는 것이 조직이나 선거구의 '구분'이다. 조직의 경우 커다란 그룹 안에 다수의 구성원이 들어가 각각 자유롭게 담당을 하는 방식이 있고 담당자를 세분화해서 작은 그룹으로 분할하는 방식도 있다. 대선거구인가 소선거구인가 하는 선거구 구분 방식도 있고 국가의 행정 단위 역시 '소분화'를 할 수 있다.

이처럼 세상의 '공통 구조'를 찾아내는 데에 어떤 장점이 있을까? 지금까지 소개한 다양한 내용들을 잘 생각해 보면 대상이 무엇이건 묶음과 소분화를 통하여 그것들의 장점과 단점을 이해할 수 있다.
우선 묶음을 이용할 때의 가장 큰 장점은 '큰 것이 들어간다', '용도를 자유롭게 선택할 수 있다'는 것이고, 단점은 '내부를 정리하기 어렵다', '특정 대상을 찾기 어렵다'는 것이다.
이와는 반대로 소분화는 '특정 대상을 수납하기 쉽다', '장소를 쉽게 파악하고 꺼내기 쉽다'라는 장점과 '큰

것이 들어가지 않는다', '용도를 자유롭게 선택하기 어렵다', '사용할 수 없는 공간이 만들어지기 쉽다'는 단점을 생각할 수 있다.

한편 이런 '공통 구조'에 착안해서 다양한 깨달음과 아이디어도 탄생한다. 소분을 하는 경우에 '용도를 자유롭게 선택하기 어렵다', '사용할 수 없는 공간이 만들어지기 쉽다'는 단점이 있다. 이를 극복하기 위해 호텔이나 회의장 등에서는 쉽게 설치하고 제거할 수 있는 '파티션을 사용한다'는 방식을 생각할 수 있는데, 이것은 물리적인 칸막이가 필요한 가방이나 책장 등에서도 똑같이 활용할 수 있고, 조직의 운영에도 응용할 수 있다.
또 '시군구'나 '읍면동'처럼 큰 묶음을 작게 나누어 변화시킬 경우에 어떤 장점과 단점이 있는지 주변에 있는 다양한 분야에 적용해 보면 보다 참신한 아이디어를 얻을 수 있다.

이런 '큰 묶음과 소분화의 관계'처럼 우리 주변에는 언뜻 전혀 달라 보이지만 구조는 매우 비슷한 경우가 많이 감추어져 있다. 이 관계성이 이 책의 주제로 다루고 있는 '보이지 않는 구조'다. 표면적인 것에 얽매이지 않고 이런 관계성이나 구조를 들여다보면 원활한 사고의 전환과 더불어 많은 것을 배울 수 있다.

이외에도 '큰 구조'라는 관점으로 보면, "조직의 구조가 좋기 때문에 종업원들이 활기가 있다."와 "종업원들이 활기가 있기 때문에 구조가 좋은 조직이다."라는 식으로 '닭이 먼저인가, 달걀이 먼저인가' 하는 인과관계 같은 것도 눈에 들어온다. 이처럼 '큰 구조'에 착안하면 세상의 커다란 움직임이 보인다. 우선 여기에서 소개한 '큰 묶음과 소분화', '닭과 달걀'의 관계로 이루어진 것들을 주변에서 찾아보자.

CHAPTER 4

유연한 사고를 위한
아주 뜻밖의 관점

'단점을 장점으로', '장점을 단점으로' 바꾸어 본다는 발상 전환을 할 때 생각해 두면 편리한 관점으로는 '대비'가 있다.

가령 장점을 단점으로 바꾸어 본다고 할 때 거기에 어떤 '대립축'이 함유되어 있는지를 추출해서 장점과 단점을 동시에 찾아보면 한 걸음 물러난 객관적 관점에서 바라보고 생각할 수 있다.

찬성인가 반대인가, 보수인가 혁신인가, 고정적인가 유동적인가 하는 식으로 서로 대립하는 두 가지 극단적인 선택지를 생각하면 그 사이에서 방향성이 나온다.

이것은 '백인가, 흑인가'라는 양자택일을 하는 것이

아니라 사고의 관점과 방향성을 명확하게 하기 위한 사고방식이다. '동서'나 '남북'이라는 '방향성'과 같다고 생각하면 이해하기 쉬울 것이다.

비유를 하자면 '머릿속에 지도를 만드는' 것이다. 지도를 그리려면 동서남북 방향(축)을 정해야 한다. 이런 축을 정하면 누구나 '같은 경기장'에서 다양한 지점에 관하여 이야기할 수 있다. '복수 지점의 관계'를 누구나 이해할 수 있도록 설명하는 데에도 '대비'나 그것을 위한 '사고의 축'이 필요하다.

이것은 물리적으로 눈에 보이는 지도 같은 것이다. '사고의 백지도(白地圖)'를 이용하여 생각하는 것이다. 백지도에 물리적인 거리나 방향 같은 두 가지 지점의 관계를 파악하고 표현하는 것처럼 사고를 할 때에도 여러 가지 사상의 관계성을 파악하고 표현할 수 있다면 새로운 관점을 발견하거나 그것들을 조합하여 새로운 발상을 낳을 수 있다.

이번 장에서는 이처럼 '사고의 백지도'를 그리고 주변의 사상을 다양한 방법으로 살펴보자. 지금부터 소개하는 개별적인 주제를 참고하여 구체적인 이미지를 파악할 수 있기를 바란다.

1
논리와 감정의 차이

인간은 감정의 동물이다. 그렇기에 일상생활이나 일에서 인간관계를 가지거나 쇼핑, 다툼, 연애 등을 할 때 풍부한 감정을 드러낸다. 포유류 중에서 인간만큼 이런 다양한 감정을 드러내는 종은 찾아보기 어렵다.

한편 집단생활에는 논리적 사고도 빼놓을 수 없다. 논리적 산물의 대명사는 수학이나 물리학이라 할 수 있는데, 이런 논리적 사고방식이 과학기술을 비약적으로 발전시켜 왔다. 구체적으로는 전기 제품이나 사회 기반 시설에 그 성과가 잘 나타나 있다. 아울러 법률이나 교통법규, 회사의 규칙도 논리적으로 구성되어 있다.

문제는 논리와 감정이 때로 모순을 보인다는 것이다.

일상생활에서 문제를 일으키는 상당 부분은 '논리와 감정의 차이'에 근거한다.

다음의 그림을 보자.

그림처럼 논리와 감정이 교집합으로 맞물려 있다고 할 때, 논리와 감정이 모두 적용되는 영역 A와, 한쪽만

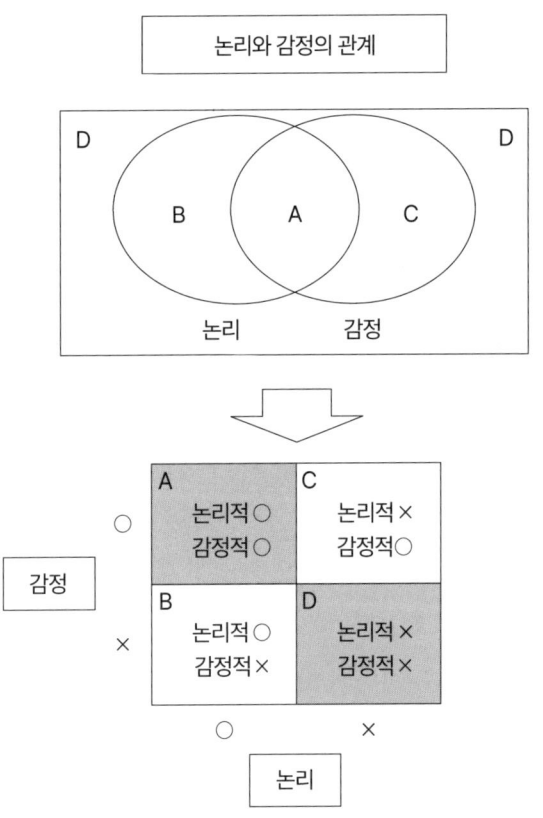

적용되는 영역 B와 C, 양쪽 모두 적용되지 않는 영역 D, 이렇게 네 가지 영역으로 나뉜다.

A와 D 영역은 논리적으로 판단하든 감정적으로 판단하든 같은 결론이 나오니까 그다지 문제가 되지 않는다. 문제는 논리적으로는 이해할 수 있지만 감정적으로 이해할 수 없는 B 영역과 감정적으로는 이해할 수 있지만 논리적으로 이해할 수 없는 C 영역이다.

여기에 논리와 감정의 차이가 존재한다. 왜 이런 차이가 존재할까?

논리가 기준인 판단과 감정이 기준인 판단은 근본적으로 다른 부분이 있기 때문이다. 우선 논리적인 판단은 누가 들어도 납득한다. 즉, 객관성이 있다. 반대로 감정적인 판단은 반드시 모든 사람이 납득하지 않아도 되는 주관적 영역이다. 이런 주관과 객관이 일치하면 좋지만 때로 모순되기 때문에 차이가 발생한다.

C의 영역은 '감정적'으로는 인정할 수 있지만 누구나 이해할 수 있는 '객관성'이 없는 영역에 해당한다. 이런 일은 어떤 상황에서 발생할까?

감정적으로 판단하는 대표적인 예로는 '좋고 싫음'으로 결정하는 상황이 있다. 좋고 싫음은 당연히 사람에 따라 다른 주관적인 부분이다. "마음에 들어서 이것으로 정했다."라고 하면 개인의 선택으로는 당연하지만 집단이나 조직 내부에서는 반드시 통용되는 '논리'가 아니다. 좋고 싫음을 기준으로 일하지 말라는 것은 조직 내부에서 흔히 들을 수 있는 말인데, 이런 말을 하는 이유는 개인의 기호만으로 일을 결정하면 집단의 질서가 유지될 수 없기 때문이다.

예를 들어 회사에서 "(좋아하는) 그 사람이 하는 말이라면 믿을 수 있으니까 그 사람의 의견을 채용하겠다."라고 하면 감정적인 측면에서는 납득할 수 있지만 논리적인 의사 결정은 아니다. 따라서 '그 사람이 제시한 의견'의 어떤 부분이 좋은지를 객관적인 숫자나 데이터로 제시해야 한다.

하지만 개인 수준에서는 전혀 문제가 되지 않는다. 쇼핑을 할 때는 오히려 '그 사람이 추천했으니까', 또는 '좋아하는 배우가 광고에 나왔으니까'라는 것이 충분한 구매 이유가 될 수 있다.

반대로 '논리적으로 옳지만 감정적으로 납득할 수 없다'는 것이 B의 영역이다. 예를 들어 싫어하는 사람에게 옳은 소리를 들어도 받아들이지 않는 상황을 생각

할 수 있다. "중이 미우면 가사도 밉다."는 말과 같다. 또 '기분이 좋을 때는 뭐든지 Yes'이지만 '기분이 나쁠 때는 뭐든지 No'라는 기분파의 판단도 객관적으로 설명할 수 없는 의사 결정의 예다. 이런 사람이 집단에 있으면 C의 영역과 B의 영역의 충돌이 자주 발생하게 된다.

이러한 메커니즘 때문에 조직의 활동 등에서 올바른 의사 결정을 했는데도 사람들이 움직이지 않는 사태가 자주 발생한다. '사람들이 움직이려면' 필수적으로 감정적인 측면에서 납득해야 하는데 '올바른' 의사 결정이라고 하면 '논리적으로 옳은' 것만을 의미하는 경우가 많기 때문이다. 따라서 어떤 집단을 움직이려면 이 '두 가지 영역'을 잘 조합해야 한다.

B의 영역은 커다란 조직을 개혁할 때 문제가 된다. 회사를 통합한 후에 두 회사의 방식을 통일하려 할 때 '상대 회사의 방식에 맞춘다'면 논리적으로는 옳지만 감정적으로는 순수하게 따르고 싶지 않다. 따라서 이런 '반대파'를 설득할 때 지나치게 논리를 내세우는 것은 역효과다.

반대로 C의 영역은 개인을 대상으로 하는 일을 할 때

문제가 된다. 개인인 소비자를 대상으로 구매 욕구를 불러일으키는 상품을 개발하기 위해 의사 결정을 하는 상황이라고 하자. 이때 논리적으로 검토한 상품이 반드시 히트한다고 단정 지을 수 없기 때문에 사람은 감정이 지배한다는 현실을 충분히 이해하고 의사 결정을 해야 한다.

이처럼 집단의 의사 결정이나 규칙 만들기는 논리를 근거로 삼아야 하지만 개인을 움직이는 것은 감정이나 심리라는 기본적인 원칙이 때로 다양한 모순을 낳기도 하니, 조직에서 활동할 때에는 이 점을 충분히 이해하고 행동해야 한다.

2
구체적 사고와 추상적 사고의 왕복 과정

"그 사람이 하는 말은 늘 추상적이어서 무슨 말인지 전혀 모르겠어."

"이번에는 구체적으로 설명을 들어서 충분히 이해할 수 있었어."

우리는 평소에 이런 식으로 '구체적', '추상적'이라는 말을 사용한다. 대부분의 경우 '구체적이다'라고 하면 이해하기 쉽고 긍정적인 이미지가 떠오르는 반면, '추상적이다'라고 하면 이해하기 어렵고 부정적인 이미지가 떠오른다. 이런 이미지는 정말 옳은 것일까?

이번에는 부정적 평가를 받기 쉬운 '추상적' 또는 '추상화'라는 것에 관하여 일반적으로 말하는 단점과 장점이 무엇인지 생각해 보자.

구체와 추상은 대립하는 개념이다. 구체라는 것은 하나하나의 개별 사상을 가리키며, 추상은 같은 특징을 가진 여러 가지를 '정리해서' 일반화한 것이다. '라면'이나 '만두'나 '마파두부', '칠리새우' 등 개별적인 요리를 구체라고 한다면 이것들의 특징을 발췌해서 일반화한 '중화요리'는 추상이다. 이것들은 다시 (일식이나 양식도 아울러) '음식'이라고 일반화할 수 있고 다시 '음식물'이라거나 '입에 넣는 것'이라는 식으로 더 상위의 개념으로 추상화할 수도 있다.

이렇게 하려면 문자 그대로 어떤 특징을 추출해서 그에 어울리는 말로 뭉뚱그려야 한다.

구체와 추상은 어디까지나 상대적인 관계를 나타낸다. 여기에서는 대립 개념으로서의 구체적인 것과 추상적인 것을 비교하여 그 장점과 단점을 이해하기 쉽도록 설명하고자 한다.

우선 구체적인 것의 장점을 열거해 보자. 구체적인 표현이라는 것은 앞에서 예로 든 것처럼 눈에 보이고 직접적인 만큼 누구나 이해하기 쉽다. 그 때문에 '행동과 직접 연결하기 쉽다'는 것도 구체적인 표현의 장점이다.

예를 들어 개인의 목표를 세울 때는 구체적일수록 행

구체적	추상적
직접 눈에 보인다.	직접 눈에 보이지 않는다.
실체와 직결된다.	실체와는 괴리가 있다.
감정에 호소한다.	감정에 호소하지 않는다.
하나하나 개별적으로 대응한다.	분류하고 정리해서 대응한다.
해석의 자유도가 낮다.	해석의 자유도가 높다.
응용하기 어렵다.	응용할 수 있다.
실무자의 세계	학자의 세계

동과 연결될 가능성이 높다. "올해는 공부를 하자."라는 목표보다는 "영어를 공부하자.", "단어를 하루에 20개씩 외우자.", "영어 검정시험에 합격하자.", 나아가 "매일 아침 몇 시부터 몇 시까지 영어 원서를 10쪽씩 읽자."라는 목표 쪽이 구체적인 실행으로 이어질 가능성이 높다.

또 이런 장점의 효과 중의 하나로 '감정에 호소한다'는 것이 있다. 어떤 사람의 체험담과 다수의 경험을 일반화한 이야기 중에서 '감동을 주는' 것은 당연히 체험담 쪽이다. 그리고 추상적인 표현은 객관적인 반면 냉정한 느낌을 받는다.

반대로, 추상적인 것의 장점은 공통점을 가지는 여러

가지를 동시에 다루어 '응용할 수 있다'는 것이다. 전 세계 70억 명의 개인을 각자 별도로 취급한다면 상당히 비효율적일 뿐 아니라 응용을 할 수 없다. '남성은 이쪽'이라고 말하면 끝날 것을 모두 구체적으로 표현해서 "○○○ 씨와 △△△ 씨…"라고 부른다면 엄청난 시간을 들여도 끝나지 않을 것이다. 이것을 '남성'이라는 표현 한 마디로 정리할 수 있다는 장점은 엄청난 이득이다. 달리 표현하자면 추상적이라는 것은 '해석의 자유도가 높다'는 것을 의미한다. 그래서 여러 가지로 응용할 수 있다.

한편 구체적인 것은 좋든 싫든 '해석의 자유도가 낮다'는 것을 의미하는데, 좋게 생각하면 이것이 (상대방이 누구이고 어떤 상황인가에 따라서 해석이 다르다는 점에서) 이해하기 쉽고 확고하다. 이 구체적인 것을 추상화하면 일반적인 법칙을 이끌어낼 수 있으며, '하나를 듣고 열을 아는' 것이 가능해진다. 한정된 경험이나 독서를 통하여 한계가 없는 영역으로의 배움을 얻을 수 있는 것도 같은 맥락이다. 이것이 인간을 인간답게 만드는 지능의 기본이 된다.

사실 인간이 동물과 달리 결정적으로 고도의 지적 능

력을 발휘하는 것도 추상화 능력을 갖추고 있기 때문이다. '추상적이어서 이해하기 어렵다'고 불평을 하는 사람도 동물에 비하면 상당히 추상적인 사고방식을 발휘하고 있다. 그 대표적인 예가 '언어'와 '숫자'다.

예를 들어 우리는 별생각 없이 "점심 식사하러 갑시다."라는 표현을 사용하는데, 이것은 꽤 '추상적인' 표현이다. 구체적인 것밖에 이해하지 못하는 사람의 입장에서는 '점심 식사'라는 표현 자체가 너무나 추상적이다. 그것이 중식인지 일식인지, 중식이라면 면 종류인지 밥 종류인지, 면 종류라면 짜장면인지 짬뽕인지, 또 어떤 음식점에 몇 시에 도착해서 어떤 테이블에서 먹을 것인지…. 이런 식으로 모든 것을 구체적으로 표현하는 것은 추상적인 표현을 배워서 활용할 줄 아는 사람에게는 오히려 매우 불편하다.

'숫자'도 마찬가지다. '연필 3자루'도, '자동차 3대'도, '벚나무 3그루'도 '모두 같은' 3이라는 숫자로 표현할 수 있기 때문에 일상생활에서의 지적 표현이 비약적으로 풍부해진다. '돈'이라는 개념은 숫자가 없으면 성립되지 않는다.

이처럼 '추상적인 사고방식'은 한 번 배우면 뒤로 물

러날 수 없을 정도로 편리한 개념임에도 불구하고 본인의 이해를 뛰어넘는 추상성을 대하게 되면 그 순간 "추상적이어서 이해하기 어렵다."라는 감각을 갖게 되는 것이다.

앞에서 해설한 '단순하게 생각하는' 데에 필요한 것도 바로 이 추상화 능력이다. 추상화란 '그래서 결과적으로 무엇인가?'를 생각하는 능력이며, '생각한다'는 것은 추상적 개념을 조작하는 것이다.

구체적인 사상을 추상화하는 것과 그것을 다시 복원해서 스스로의 구체적인 과제에 적용해 본다는 '구체와 추상의 왕복'이야말로 지적 기능의 중요한 요소다. 이것은 일이나 일상생활에서의 다양한 문제의 해결 순서에도 적용할 수 있다.

단순히 "고객의 욕구에 응하자."거나 "난처한 사람을 도와주자."만으로는 '정말로 무엇이 문제인가?'와 '그래서 결과적으로 뭘 하자는 건가?'라는 점이 명확하지 않다. 그렇기 때문에 우선 철저하게 구체적인 상황에서 '무엇이 어떻게 문제인가?'를 상세히 파악하고 그것을 단순히 표면적으로 뒤집는 것이 아니라 '애당초 무엇 때문에 난처한 것인가?' 하는 수준으로 추상화한 다음에 다시 구체적으로 그 해결책을 생각하는 자세가 문제를 해결하는 효과적인 방법이다.

예를 들어 제품을 사용한 소비자가 "OO 부분이 튀어나와 있으니까 납작하게 해 주세요."라는 구체적인 요구를 해왔을 경우에 '구체적으로' 대응한다면 고객의 요구대로 OO를 납작하게 만드는 것이 해결책이 되지만 이래서는 응용도 하지 못하고 표면적으로만 해결하는 결과를 낳는다.

이 문제를 해결하는 데 구체→추상→구체라는 왕복 과정을 적용해 보자. 우선 구체적으로 "어떻게 사용하기에 OO가 방해가 될까?"를 파악한다. 그리고 그것을 추상화해서 "편하게 조작하려면 어떻게 해야 할까?"라는 주제로 치환한다. 그리하여 "애당초 OO 자체가 불필요한 것이니까 다른 방식으로 같은 조작을 부드럽게 할 수 있도록 만들자."라는 아이디어를 얻어서 OO가 없는 제품을 구체적으로 개발한다. 이런 순서로 본질적인 고객의 욕구에 대응하면서 범용성이 있는 방식으로 구체적인 해결을 할 수 있다.

다른 예로, '비유를 잘하는 사람'이라는 표현이 있는데, 이것이야말로 '구체적 사고와 추상적 사고의 왕복 과정'이다. 비유는 현재 화제가 되고 있는 영역을 '그

이 기획은 마치
'연예인 커플' 같군.
너무 추상적이야.

화제성이 있다고
생각됩니다!

즉시 따기될 것
같은데.

래서 어떤 내용인가?'로 일단 추상화한다. 그런 뒤 그 특징에 어울리는 가까운 예를 통하여 다시 구체화하여 추상화된 두 세계의 공통성을 표현하는 것이다. 이런 비유를 잘하는 사람은 예외 없이 추상화 능력이 뛰어난 사람이다.

'추상적'이라는 것을 무조건 기피하지 않고 본인의 경험에 비추어 구체적 사고와 추상적 사고의 왕복을 해보면 최고의 '두뇌 훈련'이 된다. 프레젠테이션이나 자료 작성 등에서도 구체적 사고와 추상적 사고의 왕복은 중요하다. '구체적 상황 묘사'와 추상화된 '그래서 결과적으로 무엇인가?'를 모두 의식하여 표현을 압축하면 양쪽 모두 이해하기 쉽다.

3
형식을 갖출 것인가, 내용을 갖출 것인가

무엇인가 새로운 시도를 시작할 때 반드시 '형식을 갖추는' 사람이 있다. 스포츠나 새로운 취미를 시작할 때 제대로 시작하기도 전에 화려한 도구를 갖추는 식이다.

사람에 따라서는 그 방식이 의욕을 불러일으키거나 먼저 투자함으로써 의식적으로 물러날 수 없는 상황을 만드는 등 다양한 이유가 있다. 이처럼 '형식을 갖추는' 사람이 있고, '내용이 따르지 않으면 의미가 없다'고 생각해서 일단 도구를 빌려서라도 시작을 하고 '실제로 실력을 향상시키는' 것을 우선하는 사람도 있다.

이런 '형식을 갖출 것인가, 내용을 갖출 것인가' 하는 구도는 개인의 취미뿐 아니라 회사 업무나 정치 분야에서 새로운 일을 시작하거나 어떤 시책을 정착시키려 할 때 목표를 설정하는 상황에서도 볼 수 있다.

예를 들면, 생각만큼 결과가 나오지 않는 영업 담당자에게 "어쨌든 하루 10명의 고객을 만나야 한다."라고 하거나 좀처럼 책을 읽지 않는 부하 직원에게 "매달 10권을 읽어야 한다."라고 하는 식으로 '내용은 어떻든 형식부터 갖추게 한다'는 목표를 설정해서 시작하게 하는 방법이다.

영업 담당자 입장에서 볼 때 고객 방문은 단순한 수단이자 과정의 하나라서 이를 목표로 삼는 것은 어떤 의미에서 본말전도다.
독서 목표도 마찬가지여서 책을 읽는 것은 그 자체가 목표라기보다 독서를 통하여 마음을 풍요롭게 한다거나 비즈니스나 실용적인 기술을 향상시키는 것이기 때문에 일단 몇 권을 정해놓고 읽는다는 것은 단순한 수단에 지나지 않는다.
이런 식으로 '수단을 앞세워서' 실행하는 경우의 단점은, 내용은 없이 형식만으로 끝나버릴 가능성이 높다.

영업이라면 '단순히 명함을 두고 왔다'는 방문 이력이 증가할 뿐이고 독서라면 일과 전혀 관계가 없는 '읽기 쉬운 책'만 읽어 수치상의 목표는 달성하지만 본래의 목적은 전혀 충족시키지 못하는 상황이 발생할 수 있는 것이다. 경우에 따라서는 고객, 책의 범주를 따지는 본질적이지 않은 논의에 시간을 소비하는 등, 그야말로 '수단의 목적화'라는 본말이 전도되는 상황이 발생한다.

하지만 '수단을 앞세우는' 데에도 장점이 있다. 설사 '형식을 앞세운다'고는 해도 실질적인 행동이 이루어졌다는 것이다.
"내용이 따르지 않으면 의미가 없다."
이렇게 말하는 사람은 그 시점에서는 정론처럼 보이지만 사실은 '형식'조차도 실행하지 못하는, 아무것도 하지 않고 끝나버리는 경우가 많다.
형식을 갖추는 것을 비웃는 사람은 이런 구도를 이해하지 못하고 '횟수만 늘렸을 뿐'이라고 야유하지만, 실천을 중시하는 사람은 처음에는 비웃음을 사도 '비록 형식뿐이지만 그래도 시작은 시작'이라는 사실을 잘 알고 있다.

따라서 형식을 우선하는 방식으로라도 실천을 하면 최종 목적도 이루어질 수 있다고 이해한 상태에서 실행하는 경우가 많다.

이처럼 '형식인가, 내용인가'라고 하는 것은 결국 '수단인가, 목적인가'라는 구도로 치환할 수 있다. '형식을 갖춘다'는 것은 그 앞에 있는 목적을 이루기 위한 수단을 우선하여 실행을 하기 때문에 처음에는 본말이 전도된 것처럼 보이더라도 시간이 지나면서 그것이 정착되고 어느 틈엔가 목적을 달성하는 상황을 노리는 것이다.

'사고'를 중시하는 목적파와 '행동'을 중시하는 수단파의 의견 대립은 '이론'과 '실천'이 어긋나지 않으면 발생하지 않지만, 현실에서는 이론에 맞지 않는 사건이 발생하는 경우도 많다.
당연히 내용이 중요하지만 그 때문에 '언뜻 불합리해 보이는' 형식도 중요하다는 현실은 정론을 잘 전개하는 사람일수록 명심해 두어야 한다. 그리고 어느 쪽을 중시하든 수단과 목적은 '세트'라는 사실을 알아야 한다.

'말랑말랑한 머리'는 창조적인 발상을 할 수 있다는 데에 더하여 머리로 생각한 것과 현실의 모순에 관해서도 유연하게 대응할 수 있어야 한다.

4
시간과 돈에 대한 개념

"시간은 돈이다.(Time is Money.)"라는 말이 있듯 시간과 돈은 똑같이 소중하게 여겨야 한다. 여기에서는 시간과 돈의 공통점을 찾는 것으로 사고의 선택지를 넓혀보자.

"시간은 돈이다."라는 말은 시간의 중요함을 '누구나 소중하다고 알고 있는' 돈에 비교하여 강조한 것이다. 다만 그 의미를 좀 더 진전시켜 생각해 보면 문자 그대로 '시간은 돈과 같은 것'이라는 측면이 보인다. 바쁜 사람이 증가하고 시간의 중요성이 높아진 현대사회에서는 특히 이 두 가지의 유사성이 두드러진다.

시간과 돈, 어떤 공통점이 있을까?

- 유한하다.
- 무엇인가를 달성하기 위해 필요한 수단이다.
- 연구하기에 따라 잘 사용하는 사람과 그렇지 못한 사람으로 나뉜다.
- 여러 상황에서 척도가 되어 우선순위가 매겨진다.

대략 이러하다. 이 공통점들을 고려하여 시간과 돈이 사실은 '같은 것'이라고 생각하면 사고가 다양하게 확대된다.

예전에 〈인 타임(In Time)〉(2011)이라는 미국 SF 영화가 있었다. 배경은 미래 세계인데, 스물다섯 살이 되면 모든 인간의 성장이 멈추는 대신 일정한 시간이 부여되고 죽음의 카운트다운이 시작된다. 그 세계에서 시간은 현재의 돈과 같은 '가치의 교환수단'인데, 커피 4분, 버스요금 2시간 등으로 '지불'하고 반대로 일을 하면 보수로 몇 시간이 주어진다.

따라서 '시간이 많이 남은 사람'이 요즘으로 치면 '부자(시간 부자)'가 된다. 시간 부자는 수백 년도 살 수 있다. 생활하는 장소도 남은 시간으로 정할 수 있다. 이렇게 돈이 모두 시간으로 치환되어 '시간과 돈'에 관하여 다양한 것들을 생각하게 만드는 영화다.

어디까지나 SF 세계의 상황이지만 현실적으로도 돈에서 시간에 관한 교훈을 얻거나 반대로 시간에서 돈에 관한 교훈을 얻기도 한다.

몇 가지 예를 들어보자. 방문판매를 받거나 영업용 전화가 걸려 올 때 '지금 바쁘니까'라거나 '시간이 없어서'라는 형식으로 거절하는데, 이 말은 대부분의 경우 정말 물리적인 시간이 없다는 것이 아니라 '달리 더 중요한 일이 있다', 즉 거절 당하는 상대가 '우선순위가 낮다'는 것을 의미하며 상대도 그런 의미로 받아들인다. 따라서 이 경우에 "그럼 언제쯤 시간이 나실까요?"라는 질문은 융통성이 없는 질문이다.

이처럼 시간의 경우는 이해하기 쉬운데 돈의 경우는 어떨까? 예를 들어 영업을 하는 상황에서 고객으로부터 "예산이 없어서 구매할 수 없습니다."라는 말을 들을 경우 문자 그대로 받아들여 상사에게 "구매하지 않는 이유는 가격이 비싸기 때문입니다."라고 들은 대로 보고하는 영업 사원이 많다.

'시간이 없다'와 마찬가지로 '돈이 없다'는 것도 결국은 '우선순위가 낮다'로 해석해야 한다. 아무것도 구매할 수 없는 상황이라면 이야기가 다르겠지만, 진정한 의미에서 '아무것도 구매할 수 없을 정도로 돈이 없는' 경우는 거의 없다. 중요한 것은 '가격이 비싸서'라는 이유라면 "팔리지 않는 것은 내 탓이 아니다."라고 변명을 댈 수 있지만, '우선순위가 낮아서'라는 이유라면 '중요성을 더욱 어필하는' 등 스스로 노력을 할 수 있어야 한다는 것이다.
'머리가 굳어지는' 현상은 원인을 환경이나 타인 탓으로 돌릴 때 발생한다. 모든 것을 본인의 책임이라고 생각한다면 '어떻게 하면 좋을까?'라는 형식으로 사고 회로가 작동할 것이다.

또 돈을 통해서 시간에 관한 깨달음도 얻을 수 있다. 타인의 돈을 쓸데없이 낭비하게 한 경우, 이것은 매우 바람직하지 않으며 경우에 따라서는 변상해야 한다는 것은 누구나 쉽게 이해하지만, 마찬가지로 타인의 시간을 쓸데없이 낭비하게 한 경우에는 그 정도까지 생각하지 않는다.
하지만 지금은 돈과 마찬가지로(또는 그 이상으로) 시간이 귀중하다고 생각하는 사람이 많이 증가했다. 이런 경우에는 타인의 시간을 쓸데없이 낭비하게 한 것에 대한 '미안함'도 느껴야 한다.

인생은 공교롭게도 시간에 여유가 있을 때는 돈이 없고 돈에 여유가 있을 때에는 시간이 없는 경우를 흔히 볼 수 있다. '지금 어느 쪽이 병목 지점인가?'를 의식해 살펴보면 단순히 없는 것을 아쉬워할 뿐 아니라 '귀중한 자원을 사용하는 방법'을 각각의 상황이나 경험을 통하여 배우고 효과적으로 활용할 수 있다.

예를 들어 돈에 관해서는 '사용 내역'을 개인(용돈 수첩)이든 회사(재무제표)든 성실하게 기록하고 있지만 시간에 관해서는 이런 기록을 하는 사람이 거의 없다. 반대로 시간에 관해서는 대다수의 사람들이 일일 단위로 계획하고 있지만(스케줄표) 돈을 사용하는 방법을 일일 단위로 계획하는 사람은 별로 없다.

5

'같다'와 '다르다'의 차이

우리 주변에서 머리가 말랑말랑한 사람, 즉 유연한 사고를 가진 사람은 주로 외모나 행동이 '이상한 사람'인 경우가 많다. 왜 그럴까?

머리가 유연한 사람은 대부분 타인과 '다른' 언행을 한다. 이를 살펴보기에 앞서 일반적으로 반대말이라고 여겨지고 있는 '같다'와 '다르다'라는 대비에 관해서 생각해 보자. 이것들은 언뜻 '여성'과 '남성', '연상'과 '연하'처럼 대등하게 비교할 수 있는 대립된 개념으로 받아들여지지만 사실은 대등한 값의 대립이 아니다. 그렇다면 어떤 '차이'가 있을까?

우선 '같다'는 한 가지이지만 '다르다'는 무한대로 존재한다. '작년과 같은 방식'이나 '타인과 같은 취미'라아… 뭘로 하나…
그래! 정했어!
이거 주세요!

그럼
나도
그걸로!

고 표현하는 경우에는 기본적으로 한 가지를 가리키지만 '작년과 다른 방식'이나 '타인과 다른 취미'는 그 종류가 무한대라는 것이다.

다른 견해로 보면 '같은' 것을 할 때는 특별히 생각할 필요가 없지만 '다른' 것을 하려면 수많은 옵션을 생각한 뒤에 그것들 중에서 선택을 하는, 머리를 많이 사용하는 과정이 필요하다.
또한 '같은' 것을 선택할 때는 이유가 필요 없지만 '다른' 것을 선택할 때는 이유가 있어야 한다. '작년과 같은 방식'이나 '타인과 같은 방식'을 선택할 때는 이유가 필요하지 않다. 정확하게는 '작년에도 했으니까'라거나 '모두 그렇게 하고 있으니까'라는 식으로 사실은 이유가 되지 않는 이유를 간단히 받아들인다. 하지만 '작년과 다른 방식'을 선택할 때는 반드시 이유를 설명해야 하기 때문에 그에 관해서 생각해야 한다.

예를 들어 3장 '상식은 비상식, 비상식은 상식이 된다'에서 다룬 '상식'이라는 말은 '같다' 쪽일까, '다르다' 쪽일까? "그것은 상식이다."라거나 "상식적으로 행동하지 않는다."라고 표현할 때의 '상식'은 대부분의 경우 '그렇게 하면 분별이 있다'는 긍정적인 의미를 지닌다.

하지만 '상식적인 사람'은 결국 대다수의 사람들과 비슷한 사람, 즉 '타인과 비슷하게 행동하는 사람'을 의미한다. 그렇다면 '비상식적인 사람' 쪽이 사실은 다양한 생각을 하고 적극적으로 행동하는 사람이다.

즉, 비상식적으로 행동하려면 '이유가 필요하고 힘들다'라고 설명할 수 있으며, 이것은 앞에서 설명한 '다르다'의 경우와 같다. 이것이 바로 발상이 풍부한 사람은 '이상한 사람'으로 보이는 경우가 많은 이유다.

특히 '튀어나온 못은 얻어맞는' 결과를 낳는 우리 사회에서는 타인과 다른 언행을 하면 반드시 주변 사람들로부터 비난을 받는다. 거기에 대항해서 살아가려면 반드시 '이유'가 필요하고 개인으로서도 확고한 '철학'이 있어야 한다. 주변에 있는 사람들을 한번 떠올려 보길 바란다. '분별이 있는 상식인'보다 언뜻 '고집이 센 이상한 사람'으로 여겨지는 사람 쪽이 훨씬 더 확고한 사고방식을 갖추고 있고 유연한 발상을 할 수 있을지도 모른다.

"일률적으로 단가를 20% 내린다."
"어쨌든 전부 중요하다."
비즈니스 현장이나 일상생활에서 이런 말을 자주 들을 수 있는데 사고가 정지되어 있는 사람들이 자주 사용하는 전형적인 말투다. 결국은 '모두 똑같이 하자'는 의미니까.
반대로, '차이를 두려면' 무한대로 다양한 방식이 존재함과 동시에, 차이를 두지 않으려는 사람들에게 설명하기 위한 명확한 이유가 필요하다.
안일하게 '일률'이라는 말은 사용하지 말자. 항상 '다른' 언행을 의식하는 것이 유연하게 생각하는 습관으로 이어진다.

6

결정론자와 확률론자의 사고

가끔 경마나 복권에서 대박이 터졌다는 뉴스가 나온다. 이른바 '마권'은 1천 원짜리가 몇십만 원이 될 수도 있는데, 만약 10만 원어치를 구입한다면 그것이 몇천만 원이 될 수도 있으니까 그야말로 대박이다. 복권도 그렇다.

이런 뉴스를 듣고 "나도 1천 원짜리라도 사볼걸." 하고 말하는 사람이 있는데, 이런 말을 하는 사람이 실제로 '대박'이 터지는 '마권'을 구입하는 일은 거의 없다. 그것은 단순히 확률이 낮다는 문제뿐 아니라 본인도 자각하지 못하는 '사고 회로'와 관련이 있는 문제이기 때문이다.

이번에는 이런 불확실성이 높은 일에 대한 사고방식

의 차이에 관해서 생각해 보자.

사람은 크게 '확률론'으로 생각하는 사람과 '결정론'으로 생각하는 사람이 있다. 항상 어느 한쪽만으로 생각하는 사람이 있고, 때와 장소에 따라 구분하여 사용하는 사람이 있다. 하지만 대부분은 어느 한쪽에 편중되는 경향이 있고, 결정론으로 생각하는 쪽이 다수파에 해당한다. 먼저 두 가지 사고 회로가 어떻게 다른지부터 살펴보자.

확률론	결정론
결과는 그 시기의 운이다.	결과는 모두 원인으로 설명할 수 있다.
잘하면 나름대로의 확률로 성공한다.	잘하면 반드시 성공한다.
실패는 방식과 운 탓이다.	실패는 방식이 나빴기 때문이다.
실패하면 다음에 또 도전한다.	실행 방식이나 의사 결정을 후회하며 실패를 반성한다. (두 번 다시 그렇게 하지 않는다.)

우선 기본적으로 결정론이라는 것은 결과에는 반드시 원인이 있다는 사고방식이다. 반대로 말하면, 원인만 명확하다면 그 뒤에 사건이 어떻게 진행될 것인지 반드시 예측할 수 있다는 발상이다.

여기에 비하여 확률론은 사물이나 사건은 최종적으로 어떤 확률을 기준으로 결정되지만 그것을 하나의 결과로만 예상할 수는 없다는 발상이다. 즉, 결정론에서는 성공도 실패도 모두 '방식이 좋았기 때문(또는 방식이 나빴기 때문)'이라고 보지만 확률론에서는 (그때까지는 최선을 다한다고 해도) 최종적으로는 '성공도 실패도 그 시기의 운'에 달려 있다는 발상이다. 성공이나 실패의 확률을 컨트롤하거나 예상하는 것은 어느 정도까지만 가능하다는 것이 대전제다.

결과적으로 결정론적 사고방식을 가진 사람은 '결과'가 나쁘면 '그렇게 해서는 안 되는 것이었다'라고 실행했던 방식을 후회한다. 실패했다는 것은 본인의 의사 결정이나 방식이 잘못되었다는 것을 방증한 것이라고 받아들이기 때문이다. 거기에 비하여 확률론적 사고방식을 가진 사람은 '최선을 다했지만 운이 나빴다'고 여기고 다음 도전에 임한다.

확률론적 사고방식을 가진 사람은 '해보지 않고는 알 수 없다'는 생각으로 도박, 주식, 신규 사업 같은 것에 투자한다. 결정론적 사고방식을 가진 사람은 '과거의 인과관계나 데이터'를 가장 신뢰한다. '과거에 발생한 것이 반드시 장래와 연결된다'는 절대적인 인과관계를 믿는 것이 결정론의 전제 조건이기 때문이다. 즉, 결정론적 사고방식을 가진 사람은 기본적으로 '과거에 성공한 결과의 집대성'을 바탕으로 하여 사물을 판단한다. 그쪽이 논리나 데이터로 뒷받침할 수 있고 확실하게 '결과가 나오는 것'이기 때문이다.

중요한 것은 결정론적 사고방식을 가진 사람은 과거 지향, 즉 사건이 '발생한 이후'에 그것을 논하는 사고 회로를 가지고 있다는 점이다. 좋건 싫건 '이미 발생한 사건'을 잘 설명하는 편이다.

이제 '사둘 걸 그랬다'라고 생각은 해도 어째서 실제로 구매할 가능성이 거의 없는지 이해할 수 있을 것이다. 결정론적 사고방식을 가진 사람은 본인도 깨닫지 못하는 경우가 많지만 기본적으로 '성공할 확률이 낮은 장래의 일'에 도전한다는 발상 자체가 없다.

반대로 확률론적 사고방식을 가진 사람은 '해보지 않고는 알 수 없다'는 자세를 취하고 있기 때문에 과거에 발생한 것이 반드시 다음에도 발생한다는 전제를 두지 않는다. 그 결과, 장래에 대해 리스크를 감수하고 대담한 언행을 보인다. 결정론적 사고 회로를 가진 사람은 '새로운 도전'이란 틀릴 수도 있다는 '리스크를 감수하는 것'이라는 사실을 이해하지 못한다. 그렇기 때문에 결과가 나온 이후에야 '나도 사둘 걸 그랬다'는 식으로, 마치 그렇게 할 수 있었던 것처럼 스스로를 오해하는 것이다.

불확실성이 높은 의사 결정을 하는 상황에서 결과가 나오기 전과 결과가 나온 이후에 양쪽의 사고 회로는 크게 다르다.

결정론적 사고방식을 가진 사람은 결과가 나온 순간 태도가 표변한다. "끝이 좋으면 모든 것이 좋다."고, 어떤 의미에서는 이해하기 쉬운 사고 회로다. 세상의 새로운 움직임에 대해서도 처음에는 (실적이 없기 때문에) 회의적이고 비판적인 눈길로 바라본다. 실적이 있는 것, 과거에 성공한 것만 찾는다. 그런 이유에서 결과가 나오기 전부터 평판이 좋은 것을 항상 좋게 보고 반대로 과거의 실적이 없는 것은 무조건 비판적으로 본다. 하지만 비판적으로 보았던 것들을 유명인이나 유명 기업이 채용하는 식으로 '결과'가 나오는 순간 태도나 평가가 단번에 바뀐다. 하지만 이 시점에서 이야! 자네들이라면 성공할 것이라고 믿었어!

아, 그래요?

그렇게 반대했으면서….

는 이미 뒤처진다.

한편, 확률론적 사고방식을 가진 사람은 불확실성이 높은 의사 결정은 사전의 프로세스에서 최선을 다해도 실패할 가능성이 있다는 사실을 충분히 자각하고 있다. 그 때문에 결정을 하기 전에 결정론적 사고방식을 가진 사람이 '잘될 리가 없다'고 아무리 강력하게 주장해도 특별히 신경을 쓰지 않을 뿐 아니라 만약 결과가 잘 나왔다고 해도 그 때문에 오만해지는 일이 없다. 결과가 나오기 전과 후의 태도나 자세가 바뀌지 않는다는 것이 중요하다.

이제 가늠이 되겠지만 확률론자는 항상 불확실성이 높은 상황에서도 끊임없이 도전하는 사람에게서 많이 볼 수 있고, 결정론자는 어느 정도 체계가 확립된, 불확실성이 낮은 안정된 세계에 살고 있는 사람들에게서 많이 볼 수 있다.
또 능동적이고 '일단 앞으로 나가서 발언하는' 타입에 해당하는 사람은 '리스크를 감수하고 먼저 움직인다'는 점에서 확률론적인 발상을 하는 경우가 많고, 수동적이고 '타인이 한 일의 결과에 코멘트를 하는' 타입에 해당하는 사람은 '결과가 확정되고 리스크가 없는 상태에서 움직인다'는 점에서 결정론적인 발상을 하게 된다.

불확실성이 높은 무엇인가에 도전하는 사람은 항상 그 시점에서 방관하고 있는 결정론자에게 비웃음을 산다. 다만, 어느 정도의(낮은) 확률로 그것이 성공했을 때는 옆에서 방관했던 결정론자는 '이미 버스가 떠난 이후'에 "나도 그렇게 할걸."이라고 결코 있을 수 없는 이야기를 한다.

새로운 것을 시도할 때 타인의 사례를 참고하는 경우는 흔히 있는데, 이 경우에도 결정론자가 요구하는 것은 성공한 사례다. 설사 한때 성공 사례로 많이 들었던 내용이라고 해도 그 사람이나 회사가 그 후에 바람직한 결과를 내지 못하고 있는 경우에는 "역시 저건 옳은 방식이 아니야."라고 어디까지나 결과론으로 판단한다.

거기에 비하여 확률론자는 그 사례가 '실행된 시점'에서 가장 적합한 판단이었는지를 기준으로 하여 판단한다. 결과가 좋지 않았다고 해도, 또는 그 사람이나 회사가 그 후에 바람직한 결과를 내지 못했다고 해도 그것은 사례 그 자체의 좋고 나쁨과는 다른 문제라고 판단하는 것이다.

따라서 리스크를 감수하는가, 감수하지 않는가 하는 관점에 더하여 근본적인 사고 회로에도 그 차이가 있다는 사실을 고려해야 한다. 예를 들어 '꿈은 노력하면 이루어지는가?' 하는 논의에 있어서도 결정론자와 확률론자의 의견은 다르다.

결정론자는 결과로 판단하고 "반드시 성공하지 않으면 성공 요인이 아니다."라는 자세를 취하기 때문에, 노력했지만 꿈을 이루지 못한 사람이 한 명이라도 있으면 그 사례를 가져와 "○○○ 씨도 △△△ 씨도 그렇게 노력했지만 꿈은 이루지 못했어. 그러니까 이건 아니야."라는 식으로 결론을 내린다.

하지만 확률론자는 노력했지만 꿈을 이루지 못한 사람이 한두 명 있다고 해도 실패는 원래 계산에 넣었던 것이기 때문에 실패를 내세워 그 노력이 잘못된 것이라고는 생각하지 않는다.

바꾸어 말하면 결정론자는 성공 요인이 '충분조건'(노력하면 반드시 꿈은 이루어진다)이어야만 한다고 생각하지만 확률론자는 '필요조건'(적어도 노력하지 않으면 꿈은 이룰 수 없다)으로만 생각한다는 것이다.

단, 확률론자는 실패를 해도 '다음 기회'를 생각하고 '꿈을 이룰 때까지' 계속 도전한다. 그렇기 때문에 실질적으로는 '반드시 이루어진다'고 믿는 것처럼 보인다.

결정론자와 확률론자는 승부를 거는 '경기장' 자체가 다르다. 결과가 나온 이후, 타인이 시도해 본 이후에 실행한다는 결정론자의 사고 습관은 간단히 바꿀 수 있는 것이 아니다.

7
자유도가 높은 경우와 낮은 경우

우리는 누구나 자유롭게 살고 싶다고 생각한다. 여기에서는 '자유'나 '부자유'라는 것이 어떤 것인지를 주변의 다양한 상황을 예로 들어 생각해 보자.
우리 주변에는 '자유롭게 살고 싶은 사람'도 있고 '자유롭지 않은 생각을 하는 사람'도 있다. 하지만 우리는 사실 일상생활을 하며 자기도 모르는 사이에 '자유'의 크고 작음을 생각하면서 하고 싶은 것을 선택하고 나아가야 할 방향을 결정한다. 언뜻 누구나 '자유'를 원하는 것 같으면서 사실은 제약당하는 것을 즐기기도 하는 것이다.

가까운 예로 우리가 구입하는 상품이나 서비스를 생

각해 보자. 옷을 예로 들면 상점에 있는 것을 그대로 구입하는 기성품에서 완전한 맞춤복까지 다양한 구입 방법이 있다. 자동차도 집도 '주문 제작'이나 '자유 설계'라는 이름으로 기본 세팅을 나름대로 '자유롭게' 변경하거나 경우에 따라서는 100퍼센트 본인에게 맞추어 설계할 수도 있다. 비슷한 현상은 음식점이나 여행 등에서 제공하는 메뉴의 '옵션'이라는 형태에서도 실현되고 있다.

자유롭게 선택할 수 있는 것은 비교적 고액 상품이 중심을 이루지만 문방구나 가전제품 등의 색깔이나 디자인도 선택의 자유도가 높은 것들이 인기가 있다.

이런 상품이나 서비스뿐 아니라 일도 자율성이 낮은 것이 있고 높은 것이 있다. 이해하기 쉬운 예를 든다면 제복이 있는가, 근무 시간이 유동적인가, 회사 내규가 어디까지 엄격하게 정해져 있는가 하는 것 등이다. 각각의 업무에도 매뉴얼 대로 하는 것이나 상사가 시키는 대로 하는 것이 있고, 모든 것을 스스로 생각해서 처리해야 하는 것도 있다.

나아가 일을 의뢰하는 방법에도 다양한 '자유도'가 있다. '이런 느낌으로'라는 매우 애매한(자유도가 높은) 의뢰가 있고, '인터넷에서 A와 B와 C라는 키워드로 검색해서 거기에 나오는 정보를 비교하여 이러이러한 그래프를 만들고…'라는 식으로 일의 세밀한 순서까지 지시하는 명확한 의뢰가 있다.

등산에 비유하면 '어쨌든 이 시간 안에 정상까지 오라'는 '도착 목표'만 지시하는 것과 지도나 루트, 도구 사용 방법까지 등산과 관련된 모든 사항을 세밀하게 지시하는 것의 차이다.

여기에서 생각해 보고 싶은 것이 이런 상품이나 서비스, 또는 업무 지시 방법 등 다양한 옵션에서 공통적으로 보이는 자유도의 높낮이에 의한 장점과 단점이다.

자유도가 높은 것의 가장 큰 장점은 본인의 개성이나 사고에 마음껏 맞출 수 있다는 것이다. 이런 자유는

자유도가 높다	자유도가 낮다
기호에 맞출 수 있다.	기호에 맞출 수 없다.
품이 들어간다.	품이 들어가지 않는다.
오차가 크다.	오차가 작다.
선택에 책임이 따른다.	선택에 책임이 따르지 않는다.

인간이 자기답게 사는 데 매우 중요한 것으로서, 타인에게 강요당하는 일 없이 자유롭게 산다는 것은 인류가 오랜 세월에 걸쳐 실현하려 한 기본적인 생활의 권리다. 반대로 자유도가 낮은 상태는 많건 적건 '대상에 나를 맞추어야' 한다.

여기까지는 누구나 생각할 수 있는 '자유의 장점'이지만 그렇게 하려면 몇 가지 희생이 있어야 한다. 또한 자유도가 높은 쪽의 단점은 뜻밖으로 외면당하기 쉽다는 것이다.

첫 번째는 상품의 예를 통해서 생각하면 이해하기 쉬운데, 자유도가 높은 것은 품이 들어간다. 자유로운 설계나 주문 제작 같은 것은 주문을 개별적으로 듣고 제품마다 재료나 제조 방법을 달리해야 하기 때문에 당연히 가격이 비싸진다. 일도 마찬가지로 자유도가 높은 일은 직접 방식을 생각하거나 조사를 하는 식으로 본인의 품이 많이 들어간다.

이어서 자유도가 높은 것의 단점은 '결과의 오차가 크다'는 것이다. 상품이든 일이든 '자유도가 높은' 것은 아무래도 성과의 차이가 크다. 단, 이것은 결과가 좋

든 나쁘든 양쪽 모두에서 폭이 커지는 것이기 때문에 반드시 단점에만 해당한다고 말할 수는 없다.
일반적으로 '리스크가 크다'고 하면 나쁜 쪽만의 크기를 가리키는 경우가 많은데, 이처럼 오차가 크다는 것은 양쪽 모두에 해당되기 때문에 좋은 면과 나쁜 면을 모두 생각해야 한다.

마지막으로 주목할 점은 자유에는 반드시 책임이 따른다는 것이다. 앞에서 설명한 대로 자유도가 높은 선택을 한다는 것은 현저히 좋은 결과를 기대할 수 있는 반면, 나쁜 결과가 나올 가능성도 높다. 어느 쪽 경우든 그 선택을 한 사람은 본인이라는 당연한 사실을 인식하지 않으면 자유를 선택할 자격이 없다.

자유도가 높은 경우의 장점과 단점을 살펴보았는데, 이를 통해 우리는 무엇을 알 수 있을까? 사실 자유롭다는 것은 모든 상황에서 모든 사람이 바라는 것이 아니다. 상황이나 성격에 따라서는 '제약받는 것을 좋아하는 사람'이나 '제약이 없으면 곤란한 사람'도 있다.
상품의 경우, "좋아하는 디자인을 말하라."라는 말을 들어도 평소에 그런 기호가 없는 사람은 알아서 적당히 해달라고 의지하는 쪽이 더 편할 수 있다. 이것은 제약이 있을 경우의 장점으로서, '머리를 사용하지 않고 싶은', '편하게 하고 싶은' 것에 대한 명확한 의사 표시다. 자유롭게 디자인했다가 실패하면 그것은 모두 '본인이 초래한 것'이 되기 때문에 다른 사람을 탓할 수도 없지 않은가.

이외에 '잘 보살핀다'라는 표현도 사람이 반드시 자유를 바라는 것만은 아니라는 하나의 상징이다. '잘 보살펴 주는 회사'라거나 '잘 보살펴 주는 학교'라는 말을 들으면 사람들 대다수는 긍정적으로 받아들이지만 사실 '보살핌'을 받는다는 것은 자유도가 낮은 상태를 의미한다. 자유를 빼앗긴 대신 편안하고 책임을 지지 않아도 되는 것이다.

자유도가 높은 것을 좋아하는 사람에게 있어서 '잘 보살핀다'는 것은 성가시고 귀찮은 간섭에 해당한다. 그런데 이를 긍정적으로 포착한다는 것은 사실 대다수의 사람들이 '제약당하는 상황'을 바란다는 뜻이 아닐까?

이것은 개인의 능력이나 성격에 따라 다르지만 한 사람의 내면에서도 영역에 따라 경향이 달라질 수 있다.

대체로 본인에게 자신감이 있는 분야에서는 자유도가 높은 것을 좋아하고 반대로 자신감이 없는 분야에서는 자유도가 낮은 쪽이 편하다고 생각하는 경향이 있다. 그렇기 때문에 뜻밖으로 '자유도가 낮은' 것이 요구되는 상황이 더 많다.

이 책의 주제인 말랑말랑한 머리로 생각한다는 것은 '자유도를 높여 생각한다'는 것이다. 지금까지 설명해온 장점이나 단점은 '생각한다'는 것에도 그대로 적용할 수 있다. 그 특징들을 고려해서 자유도의 크기를 기준으로 생각할 때에는 그 장점과 단점을 적절하게 구분해서 사용해야 한다. 직장 상사와 부하 직원 사이의 의사소통 등에서도 자유도가 높은 쪽이 좋은 경우와 나쁜 경우를 의식하고 대한다면 인간관계나 일이 보다 순조롭게 진행될 것이다.

8
일을 선택하는 뜻밖의 관점

직업을 선택할 때를 생각해 보자. 신규 졸업자뿐 아니라 경력직으로 입사하거나 이직을 하는 경우도 포함하여 우리가 일을 선택할 때의 관점으로는 어떤 것들이 있을까?

우선 하고 싶은 일을 '업종'을 기준으로 선택하는 것이다. 제조업, 서비스업, 금융업 등의 커다란 묶음 이외에 제조업 중에서도 생산 제품에 따라 자동차나 전기 분야 등으로 더욱 세분화할 수 있다. 이어서 생각할 수 있는 것이 '직종'이다. 영업, 경리, 기술, 인사 등 부문별로 일의 내용은 크게 달라진다. 이런 식으로 업계나 직종을 어느 정도 고려한 이후에는 '회사 규모'나 '연봉' 등 숫자로 비교할 수 있는 척도를 기반으로 회사를 정한다.

여기까지는 직업을 선택할 때의 일반적인 관점이다. 취업 대책도 대부분 '업종별'이나 '직종별'이라는 관점으로 선택한다. 특히 경력직으로 입사하는 이직의 경우 그때까지의 경력은 업종, 직종을 기준으로 인정을 받는다.

하지만 관점이 꼭 이것뿐일까? 다른 관점으로 기준을 잡고 다양한 직업을 분류해 보면 언뜻 전혀 다른 업계나 직종처럼 보이지만 뜻밖의 공통점이 있다는 사실을 알 수 있다. 그것을 기준으로 삼으면 업종이나 직종과는 전혀 다른 관점까지 작용해서 본인의 성격과 능력을 고려한 적절한 직업을 선택할 수 있다.

일에 대한 관점이나 생각의 축에 관해서 몇 가지 예를 들어보자.

첫째는 '잘하는 게 당연한 일' vs. '잘하면 박수갈채를 받는 일'이라는 축이다. 이것은 '뺄셈'과 '덧셈'이라고 표현할 수도 있다. 전자의 대표적인 예는 스포츠 심판이다. 심판은 어떤 의미에서 '존재감이 없는' 것이 최고다. 심판에게 스포트라이트가 맞추어지는 것은 대부분 오심 같은 부정적인 경우다. 이 관점을 회사에 적용하면 품질보증 부서나 재무 보고서를 작성하는 경리 부서가 적합하다.

심판 같은 직업은 선수가 문제없이 플레이를 할 수 있는 기반을 지탱해 준다는 점에서 매우 중요한 일이라는 보람이 있는 반면에, '잘하는 게 당연하다'고 인식되어 칭찬을 받는 경우가 매우 드물다는, 서글픈 측면이 있다.

다른 예는 '고객의 특성'이 관점이다. 예를 들어 '신규 고객 중심의 비즈니스' vs. '단골 중심의 비즈니스'라는 축이다. 전자의 예는 거리를 돌아다니는 택시, 관광지의 기념상품점, 여행지의 가이드 등을 들 수 있다. 이런 비즈니스에서는 고객이 대부분 뜨내기여서 같은 고객을 다시 만날 기회는 거의 없다.

회사에도 마찬가지로 불특정 다수의 고객을 상대하는 사업이나 담당자가 있고, 특정 고객을 고정적으로 상대하는 담당자가 있다.

이것은 개인의 성격이나 능력과 관련된 '적합도'와도 관련이 있다. '신규 고객 비즈니스'에는 '첫인상이 강한 사람'이 적합하다. 물론 좋은 의미에서다. 반대로 궤도에 오를 때까지 시간이 걸리는 '첫인상은 약하지

만 서서히 신뢰를 쌓아가는 사람'은 '단골 중심의 비즈니스'에서 강한 위력을 발휘한다. 즉, 흔히 말하는 '말은 잘 못하지만 실적이 좋은 영업 사원'은 단골 중심의 비즈니스에서 많이 볼 수 있다.

그에 반해서 좋건 싫건 '말을 잘하는 사람'은 신규 고객을 대상으로 하는 비즈니스에서는 어느 정도 실적을 올릴 수 있지만 단골을 상대하는 비즈니스에서는 언젠가 신뢰를 잃게 될 가능성이 높다.

이외에도 다른 업종이나 제품에서 공통적으로 볼 수 있는 직업에 대한 관점으로는 다음과 같은 것들을 생각할 수 있다.

- 플랫폼 제공자 vs. 콘텐츠 제공자
- 본인이 고객이 될 수 있는 일 vs. 본인이 고객이 될 수 없는 일
- 논리가 통하기 쉬운 일 vs. 논리가 통하기 어려운 일
- 조직 > 개인 vs. 개인 > 조직
- 한 가지 일의 사이클에서의 장점과 단점
- 성공에 필요한 재능, 노력, 운의 비율

단순히 업종이나 직종만으로 일을 선택하는 것이 아

니라 다양한 관점으로 살펴보면 뜻밖으로 본인의 성격이나 기호에 맞는 일을 발견할 수도 있다. 중요한 점은 본인이 이런 축의 어디쯤에 위치하는가를 확인하여 자신의 강점을 살릴 수 있는지를 판단하는 것이다.

회사에 입사해서 어디에 배속되는가 하는 문제도 마찬가지다. 이런 '축'으로 바라보면 뜻밖으로 같은 회사 안에서도 정반대가 되는 성질의 일이 있고, 전혀 다른 업종에서도 사실은 '일의 성공 요인'이 같은 부분에 존재하는 직종이 있다.

이런 축을 참고하면 회사 밖이나 다른 업종에 종사하는 사람의 이야기에서도 본인이 하는 일과의 유사점을 발견할 수 있고 도움이 되는 포인트를 찾을 수 있을 것이다.

마치고 나서

유연한 사고를 하는 데 가장 중요하면서 어려운 것은 '유연한 사고가 없는(잃어가는) 스스로를 인식하는 것'이다. 무슨 일이든 마찬가지겠지만 문제는 인식한 시점에서 대부분 해결된다. 흔히 들을 수 있는 이야기지만 '의사소통 능력을 높이기 위한 책'은 정말로 의사소통 능력이 낮은 사람은 읽지 않고, '무능한 상사를 위한 책'은 정말로 무능한 상사는 읽지 않는다. 바꾸어 말하면 무슨 일이든 '깨닫지 못하는' 것이 가장 심각한 문제다.

그런 관점으로 볼 때 이 책을 손에 든 여러분은 그 시점에서 이미 보통 사람에 비하면 상당히 '머리가 말랑말랑한 사람'이라는 뜻이다.(머리말에서 설명한 '첫 번째 관문을 통과했다'는 말은 이런 의미다.) 따라서 이제 구체적인 기법을 시도하여 실천하고 정착화하는 것만이 남았다.

약간 거친 표현을 한다면 세상에는 두 종류의 인간밖에 없다. 그것은 '책을 읽는 사람'과 '책을 읽지 않는 사람'이다. 이 큰 차이는 무엇일까?
물론 책을 읽지 않는 사람도 매일 TV나 인터넷을 통해서 다양한 정보를 수집하지만 이 책의 내용을 기준으로 큰 차이 하나를 예로 든다면 '추상도'의 차이다. 2장에서 추상도가 높다는 것은 '상류 타입'의 발상이라고 설명했다. 즉, 책을 읽는다는 것은 수동적이 아니라 능동적이며 각각이 아니라 전체를 통합하여 생각함으로써 추상도가 높은 사고와 구체적인 행동 사이에서 '구체적 사고와 추상적 사고의 왕복 과정'(4장)을 실천한다는 것을 의미한다.
여기까지 읽은 여러분은 두 가지에서 이미 '말랑말랑한 머리 만들기'의 입구를 들어선 것이 된다. 새로운 관점을 도입하여 일이나 사물에 관한 사고방식에 변화를 줌으로써 충실한 인생을 만드는 데에 이 책이 도움이 되기를 바란다.

이 책은 웹치쿠마(Webちくま)에 약 1년 동안 연재한 기사를 근거로 가필, 재구성해서 단행본으로 엮은 것이다. 각 주제의 메시지를 연재 당시보다 훨씬 더 즐겁고 생기 넘치는 일러스트로 표현해 준 요시타케 신스케 작가, 재미있는 책으로 만들어준 붐페이긴자(文平銀座)의 요리후지 붐페이(寄藤文平) 씨, 스즈키 치카코(鈴木千佳子) 씨, 또 항상 '독자의 관점'에서 조언을 해주며 이해하기 쉬운 내용으로 편집해 준 치쿠마쇼보(筑摩書房)의 하네다 마사미(羽田雅美) 씨에게 감사의 인사를 전한다.

호소야 이사오

문고판 후기

이 책의 오리지널 판 간행은 2015년이었다. 그로부터 10년 동안 세상은 어떻게 변했을까? 전 세계에 가장 큰 영향을 끼친 것은 2020년 초부터 3년여 동안 이어졌던 코로나19다. 그 밖에도 기후변화나 환경보호에 대한 의식이 높아졌고, 우크라이나 전쟁이나 미중 관계 등 지정학적인 상황의 변화, 나아가 디지털 혁명의 진전 등이 있었다.

이것들을 정리하여 표현하면 우리의 생활이 보다 세계화되었고 그 변화의 영향이 빠를 뿐 아니라 대규모화됨으로써 불확실하고 미래를 읽을 수 없는 시대가 가속화되고 있다고 할 수 있지 않을까?

이런 시대에는 이 책의 주제인 '말랑말랑한 머리(유연

한 사고)'의 중요성이 더욱 부각된다. 과거의 전례가 그대로는 통하지 않는, 변화가 심한 시대에는 세상에 넘치는 막대한 정보로부터 적절한 것들을 취사선택해서 '자신의 머리로 생각하고 의사 결정을 해야' 한다. 그렇게 하기 위해 필요한 것이 이 책에서 표현한 것 같은 '말랑말랑한 머리'다.

나아가 챗GPT 등의 AI 기술이 이런 움직임에 박차를 가하고 있다. 인류가 축적해 온 정보나 지식을 '거의 모두 알고 있는' AI를 어떻게 활용하는가는 우리 인간 쪽에 달린 문제다. 이제는 '어떻게 대량의 지식을 가지고 있는가'가 아니라 막대한 AI의 지식을 '어떻게 이끌어낼 수 있는가' 하는 이른바 '프롬프트 엔지니어링(Prompt Engineering)' 기술이 요구된다.

그렇다면 프롬프트 엔지니어링에는 무엇이 필요할까? 이것은 어떤 의미에서 조각과 비슷하다. 조각은 무에서 유를 낳는 회화나 소상(塑像) 같은 '덧셈' 형과 달리 커다란 돌이나 나무 등을 깎아서 특정 모양을 이끌어내는 '뺄셈' 형의 발상이 필요하다.

AI는 인류가 가지고 있는 지식의 집대성이라고 말할 수 있다. 따라서 인간이 지식의 양으로 승부를 거는 것은 별 의미가 없다. 오히려 조각을 하듯 거기에서 어떤 식으로 뺄셈을 해서 의미 있는 새로운 식견을 발견해 내는가 하는 것이 중요하다. 그런 발견에 필요한 것은 단순한 기억에서 오는 지식의 양이 아니라 특정 목적이나 문제의식을 가진 고유의 관점이다.

그렇게 하려면 편견이나 선입관을 떨쳐버리고 다양한 관점으로 대상을 관찰하고 고유의 견해를 발견하는, 그야말로 '말랑말랑한 머리'가 필요하다. '말랑말랑한 머리'를 만드는 데에 필요한 힌트를 이 책이 제공할 수 있기를 바란다.

마지막으로 문고판을 출간하면서 이 책의 메시지를 다른 관점에서 정확하게 일러스트로 뒤밀이해주신 요시타케 신스케 작가, 또 새로운 형식으로 세상에 나올 수 있도록 편집해 주신 하네다 마사미 씨를 비롯한 치쿠마쇼보의 편집부, 영업부 등 관계자 여러분, 나아가 인쇄, 물류, 판매 부문에서 이 책이 독자 여러분의 손에 들어갈 수 있도록 여러모로 도움을 주신 분들께 감사를 드린다.

호소야 이사오

**말랑말랑한 머리를
만들기 위한 사고 훈련**

초판 1쇄 인쇄 2025년 7월 10일
초판 1쇄 발행 2025년 7월 18일

글 | 호소야 이사오
그림 | 요시타케 신스케
옮긴이 | 이정환
펴낸이 | 한순 이희섭
펴낸곳 | (주)도서출판 나무생각
편집 | 양미애 백모란
디자인 | 박민선
마케팅 | 이재석
출판등록 | 1999년 8월 19일 제1999-000112호
주소 | 서울특별시 마포구 월드컵로 70-4(서교동) 1F
전화 | 02) 334-3339, 3308, 3361
팩스 | 02) 334-3318
이메일 | book@namubook.co.kr
홈페이지 | www.namubook.co.kr
블로그 | blog.naver.com/tree3339

ISBN 979-11-6218-359-5 03190

값은 뒤표지에 있습니다.
잘못된 책은 바꿔 드립니다.